CW01459467

JACQUES CHIRAC : LES VERTES ANNÉES DU PRÉSIDENT

JACQUES CHIRAC : LES VERTES ANNÉES DU PRÉSIDENT

JOURNAL INTIME
DE
MARGUERITE BASSET
PRÉSENTÉ
PAR
MICHEL BASSET

filipacchi

AVANT-PROPOS

En 1937, des amis communs recommandèrent à mes parents un couple de provinciaux qui venaient d'emménager à deux pas de chez eux, avenue Jean Mermoz à Neuilly. Naquit alors une amitié faite de relations intimes et quotidiennes entre mes parents et les Chirac, qui dura jusqu'à leur mort.

C'était une amitié surprenante entre Marie-Louise Chirac, au provincialisme souligné par un accent corrézien dont elle ne put jamais se départir tout à fait, et ma mère, née Coquet-Wolff, d'une bourgeoisie internationale franco-germanique.

Pour moi, cette amitié s'éclaira le jour où je découvris le journal intime que ma mère tint jusqu'en 1956, à l'époque où elle était le témoin attentif de l'enfance et de l'adolescence de Jacques Chirac.

Marie-Louise Chirac était une mère passionnée, presque abusive, qui ne vivait que pour ce fils unique qu'elle eut tardivement, « l'enfant du miracle », disait-elle en plaisantant.

Ma mère, elle, était à la recherche d'absolu, et c'est sans doute la différence de leurs aspirations profondes qui permit une aussi longue amitié, qui connut peu de conflits.

Autant Marie-Louise Chirac couvait son fils, autant son père, qui se voulait lointain et inaccessible, tenait à lui forger un caractère d'homme, de vainqueur. Toute son éducation sera marquée par ces contradictions.

Au fil des années, cette dualité devint si bizarrement harmonieuse que Jacques Chirac s'épanouit pleinement. Enfant et adolescent docile, il ne connut jamais le moindre esprit de révolte, ce qui est indéniablement la preuve de la réussite de l'éducation que lui donnèrent ses parents.

A mon avis, rien ne peut mieux expliquer la physchologie de notre président que la publication des extraits de ce journal intime le concernant, et écrits à l'évidence sans a priori.

Bien sûr, je ne livre que les passages de ce journal concernant directement ou indirectement Jacques Chirac, les états d'âme de ma mère demeurant purement personnels.

Michel Basset

Vendredi 17 novembre 1937

Pâquerette Manière est venue spécialement à Paris pour les douze ans de sa filleule, et ma fille ne se sent pas de joie, d'autant plus qu'elle a promis de l'emmener dimanche à la Comédie-Française.

Bien que Pâquerette ait été ma meilleure amie, ce n'est plus comme avant. Pour retrouver notre intimité d'adolescence, il nous faut briser la vitre épaisse d'existences qui ont divergé ; mais pourquoi est-elle allée s'enterrer à Clermont-Ferrand ?... Sans enfant, elle s'ennuie mortellement dans cette horrible ville, surtout depuis que ses meilleurs amis, les Chirac, sont venus s'installer à Paris, « mais j'y pense, Margot, en fait, à Neuilly et à deux pas d'ici ! Il faut absolument que je te présente Marie-Louise Chirac ».

A l'évidence, Marie-Louise Chirac habite tout près de chez moi, avenue Jean Mermoz. L'hiver s'est déjà installé, et un désagréable froid humide balaie le rond-point d'Inkermann.

Une dame brune aux sourcils épilés, en blouse blanche d'infirmière, nous ouvre. Son échange de baisers avec Pâquerette m'évite un impair : je la prenais pour une gouvernante.

« Pâquerette m'a tellement parlé de vous que je suis absolument ravie de vous connaître ! » Bien que Pâquerette m'en ait avertie, je suis surprise par son fort accent de Corrèze. L'appartement surchauffé dégage des odeurs d'inhalation à l'eucalyptus. Les meubles paraissent sortis tout droit du faubourg Saint-Antoine, et, en m'asseyant au bord du canapé, je remarque qu'il n'y a ni bibliothèque, ni piano.

A son « Jacky devine qui c'est qui est là ! » surgit un petit garçon qui se précipite vers Pâquerette pour se blottir contre elle.

Comme accablée, Marie-Louise Chirac implore le ciel : cet enfant, décidément, lui en fera voir de toutes les couleurs ; il a les bronches prises et près de 37,4 °C, « mais regarde donc, Pâquerette, comme il est en sueur !

— Emmitouflé comme il est, et avec cette chaleur, ce n'est pas étonnant !, lui répond, moqueuse, Pâquerette.

— Et tout ça, c'est entièrement de sa faute ! Il a refusé hier de mettre son cache-col », et son « Ça, je vais le dire à papa ! » fait germer une larme.

« Enfin, j'espère que tu sais au moins ta récitation ! » Et nous avons droit à un « corbeau et un renard » d'une traite chuintée qui m'attendrit et qui vaut à Jacky d'être couvert de baisers et le pardon.

Tout de go, Marie-Louise m'offre son amitié, elle se sent si seule à Paris.

« Heureusement qu'il y a le petit ! Et puis je sais que vous avez un fils à peu près du même âge qui pourra jouer avec lui. »

Mon Dieu, comme elle regrette Clermont-Ferrand où son mari Abel travaillait dans une banque. A l'époque, ils avaient leur week-end à eux. Maintenant qu'il est dans les affaires avec Henry Potez — « Ah tiens ! votre mari le connaît, comme le monde est petit ! » —, Abel est toujours en voyage.

Finalement, elle manifeste un désir si intense de m'avoir comme amie que je l'invite avec son mari au dîner que j'avais prévu vendredi prochain avec les Vasseur et le colonel Henry.

Au retour, je confie à Pâquerette ma crainte de me laisser entraîner dans une amitié dangereuse, mais elle m'assure que Marie-Louise a un vrai cœur d'or, qu'elle est spontanée et généreuse.

« Forcément, c'est une nature ! cela fait toujours peur aux Parisiens, et puis Abel, son mari, est tout à fait remarquable. Bien sûr, son côté mère poule est à l'opposé de tes méthodes allemandes d'éducation, mais il faut la comprendre : Jacky, son enfant unique, est un “ravisé”, comme on dit dans le Midi ! Elle se croyait aussi stérile que sainte Elisabeth avant de concevoir Jean-Baptiste quand est survenu Jacky, en fait son deuxième enfant, car elle a perdu il y a dix ans une petite fille âgée d'à peine un an. Enfin, vous êtes tellement dissemblables que vous ne pouvez que vous entendre ! »

Jeudi 25 novembre 1937

Quand j'annonce à Georges mon invitation en lui décrivant Marie-Louise Chirac, il éclate de rire à la perspective d'un « dîner d'accents » entre le russe roulé de Tatiana Henry, l'italien chantant d'Alice Vasseur, et le « fouchtra » de ma nouvelle amie.

Après avoir téléphoné à Henry Potez, qui n'a pas tari d'éloges sur Abel Chirac, Georges a hâte de le connaître. Henri l'a d'ailleurs remercié de s'occuper de ce couple provincial, un peu perdu à Paris.

En prévision de ce dîner, j'ai demandé à ma couturière de la rue Franklin, Annie, de me copier un modèle de Grès en jersey de soie vert qui a beaucoup d'allure. Cette Annie, du moins après le deuxième essayage, a décidément beaucoup de talent et un sens du drapé qui vaut celui des grands couturiers.

Vendredi 26 novembre 1937

Les Chirac sont arrivés les premiers : « Je sais que c'est horriblement provincial, mais je ne peux m'empêcher d'être scrupuleusement à l'heure ! », plaisante Abel Chirac en se présentant. C'est un homme très grand, élancé, et tout à la fois à l'aise et réservé.

Pendant le dîner, je ne pourrai m'empêcher d'observer ses yeux, qui ont une telle intensité de regard qu'ils semblent écouter.

Marie-Louise, elle, n'est pas habillée mais endimanchée ; mon Dieu ! pourquoi faut-il qu'elle s'épile les sourcils comme une chanteuse de café-concert. Mais avec son sourire radieux et ses éclats de rire, on lui pardonne tout.

Ce qu'elle veut avant tout, c'est connaître les enfants, et nous laissons dans le salon Abel et Georges devant leurs vermouths.

J'entrouvre la porte des garçons, Jean-François se retourne en ronchonnant tandis que Michel réclame un baiser.

En s'asseyant au bord de son lit, Marie-Louise le conquiert :

« Sais-tu que moi aussi j'ai un petit garçon... et je crois que nous allons faire de grandes parties.

— Mais il s'appelle comment ? demande Michel !

— Jacques, enfin... Jacky.

— Et il a quel âge ?

— Cinq ans après-demain ! et j'espère bien que tu viendras à son anniversaire

— Mais alors, c'est un petit !

— Et toi, tu es tellement grand que tu dors avec un ours manchot », et ils éclatent de rire.

Dans sa chambre, nous surprenons Elisabeth qui lit avec Adda *les Aventures de Heidi*.

« Alors voici donc la filleule de Pâquerette... mais c'est une vraie jeune fille et je comprends pourquoi sa marraine en est si fière ! »

Adda se tient en retrait avec cette élégance de maintien propre aux Viennoises. La prenant pour une invitée, Marie-Louise se présente et dit qu'il est sans doute temps de laisser Elisabeth et d'aller au salon.

La pauvre Adda bafouille qu'elle n'est que la gouvernante et qu'elle a déjà dîné avec les enfants.

Dans le couloir, encore rouge de confusion, Marie-Louise me confie qu'elle n'aurait pu imaginer qu'une jeune femme aussi bien puisse être une domestique. Je renonce à lui expliquer que, Dieu merci, je n'ai jamais considéré une nurse comme une domestique, et en particulier Adda, qui est un peu comme une parente, presque une nièce.

Comme Marie-Louise s'extasie sur ma robe, je lui propose, ce qui ne se fait qu'entre amies intimes, de lui faire connaître ma couturière.

Pendant le dîner, quand Abel Chirac apprend que Pierre Vasseur est le secrétaire de la Chambre de commerce internationale, il l'interroge sur le Guatemala, où Potez envisage un contrat avec l'armée de l'air guatémaltèque. Mais je connais mon Pierre : sorti de son bureau, c'est un dilettante, un esthète mondain qui n'a qu'une hâte, nous placer sa dernière trouvaille intellectuelle; ce soir, elle portera sur l'influence de Wagner dans l'œuvre de Paul Claudel... cela n'intéresse personne.

Marie-Louise, elle, est passionnée par son voisin, le colonel Henry, qui a accompli toute sa carrière militaire en Indochine. Le frère de Marie-Louise, Jean Valette, habite Saigon. Parti comme petit receveur de l'enregistrement, il y est devenu un brasseur d'affaires considérable.

« Quel curieux avatar ! » grommelle le colonel.

S'ensuit une discussion qui me laisse encore perplexe. Abel Chirac se mit à défendre l'excellente formation des fonctionnaires de la IIIe République, comme celle des instituteurs, prétendant qu'en leur inculquant des certitudes primaires, ils acquéraient un pragmatisme de jugement qui manque à la plupart des hommes politiques, voire même à la plupart des banquiers et des présidents de grandes compagnies.

Pierre Vasseur renchérit en prétendant que c'est cet esprit primaire qui avait engendré le miracle économique américain et que, quand un homme d'affaires new-yorkais se vantait devant lui d'être factuel, il voulait dire qu'il possédait une vue globale mais primaire et étroite de son champ d'activité : pour preuve, les réussites d'Henry Ford et de John Rockfeller, sans même parler du génie inventif de Thomas Edison, qui, formé à l'école de la rue, n'avait eu aucun besoin d'un quelconque savoir universitaire.

J'ai peur qu'ils n'aient heurté ce brave polytechnicien de colonel Henry.

Dimanche 28 novembre 1937

Je suis allée avec Michel à l'anniversaire du petit Jacky. Il y avait quelques enfants avec leurs mères.

En me montrant une avalanche de cadeaux, Abel me confie navré que Marie-Louise a tort de combler autant leur fils. D'ailleurs, son père, en bon instituteur reproche à sa fille qu'en le gâtant autant, elle risque de lui ôter à jamais la notion de mérite qui est la base essentielle de l'éducation.

Lundi 3 janvier 1938

Marie-Louise tient à ce que je l'accompagne faire les soldes aux Galeries Lafayette. Elle insiste tellement que j'accepte de surmonter mon horreur des grands magasins, particulièrement dans cette cohue des fins de série.

Elle revient de Corrèze, où elle est allée passer les fêtes, avec une mine radieuse, déterminée à affronter cette foule de femmes presque prêtes à mordre pour un bout de chiffon à trois sous.

Elle essaye trois robes qui sont immettables, mais comme

elle veut absolument revenir avec une aubaine, elle achète un corsage bordeaux, un moindre mal !

Au rayon enfants, la cohue est telle que je me laisse aller à une bonne action : elle habille si mal Jacky, un petit garçon pourtant si mignon, que je l'entraîne à Old England et à la Samaritaine de Luxe.

Ses réflexions devant ces vendeurs obséquieux m'agacent un peu, mais je parviens quand même à la convaincre d'acheter chez Old England une culotte de flanelle anglaise — « Mais vous ne croyez pas qu'il va être ridicule avec des pantalons qui lui arrivent aux genoux » — et un chandail très chaud de laine bleue, sur lequel elle ne trouve rien à redire.

A la Samaritaine de Luxe, je choisis un petit manteau classique bleu marine avec un col de velours et des chemisettes de popeline de coton.

Quand nous allons prendre le thé à la pâtisserie danoise du Palais-Royal, ce havre de paix scandinave à Paris, où l'on sert des gâteaux à la crème qui me rappellent ceux de ma grand-mère à Cologne, Marie-Louise me paraît inquiète de ses achats faits presque à contrecœur, et je me rends compte qu'il y a entre Clermont-Ferrand et Paris plus qu'une distance kilométrique. Faisant la moue devant cette abondance de *Schlagsahne* qui ne vaut pas son clafoutis corrézien, elle me demande de venir tirer les rois dimanche chez elle, « mais surtout à la bonne franquette et sans tralalas, et puis, pourquoi pas, après nous pourrions faire un tour de bridge » !

Dimanche 9 janvier 1938

C'est assurément un « à la bonne franquette » de charcuterie corrézienne et de gigot-haricots blancs qui nous attendait. J'ai laissé Jean-François et Elisabeth à la garde d'Adda.

Marie-Louise a prévu de faire déjeuner avant nous les

enfants dans la cuisine où je l'accompagne, mais, mon Dieu ! pourquoi a-t-elle raccourci les pantalons d'Old England ? Ils ont perdu toute leur allure.

Quand nous revenons, Abel Chirac interrompt le récit de ses souvenirs de rugbyman lorsqu'il était étudiant à Brive et prend un ton très sévère pour dire : « Maintenant, dans la chambre les deux enfants ! Et je ne veux entendre ni un bruit, ni un cri ! »

Décontenancé, Michel suit Jacky et regarde sans enthousiasme le coffre à jouets qu'ouvre Marie-Louise.

A table, Abel reprend sa conversation sur le rugby, une école de volonté et de courage qu'on devrait faire pratiquer à tous les jeunes. Puis la conversation roule sur tout et rien, comme entre amis qui se connaîtraient depuis toujours, jusqu'à ce que je m'oppose à la théorie d'Abel, qui pense que la base de l'éducation scolaire doit être le par cœur. « On doit d'abord apprendre pour ensuite comprendre », et, péremptoire, il affirme « que la condition nécessaire et suffisante de l'intelligence est la mémoire ».

D'ailleurs, depuis que Jacky est en âge de parler, il l'oblige à savoir des récitations. Ce furent d'abord des comptines et maintenant des fables, et Marie-Louise est fière qu'il sache déjà toutes ses tables de multiplication par cœur alors que sa classe de onzième n'en est qu'aux tables d'addition.

On sent de la part d'Abel une telle volonté de faire de son fils une merveille que j'en reste rêveuse, bien que je me méfie un peu des parents qui ont la rage « de forcer » des enfants trop jeunes qui, précocement brillants dans des petites classes, vont finalement perdre toute leur avance dans le secondaire.

Marie-Louise appelle les enfants pour venir tirer les rois ; caché sous la table, Jacky désigne à sa mère la part qui contient la fève et elle le choisit pour roi.

Couronné, le petit garçon jubile. Il a même droit à une goutte de champagne. Son père lui déclare alors que la coutume veut que le roi offre un présent à la reine, et ce cadeau sera la récitation de *la Cigale et la Fourmi*. Apeuré, Jacky récite la fable en quêtant le regard de son père, satisfait de nous donner un exemple de sa manie du par cœur.

Marie-Louise s'avère être une bonne joueuse de bridge, sa seule distraction, m'a confié Pâquerette, car elle ne lit pas, et depuis qu'elle est arrivée à Paris, elle n'est allée ni au théâtre ni même au cinéma et encore moins au concert.

La sévérité d'Abel me paraît un peu excessive. Georges pense qu'il a raison, que sans cette rigueur, élevé comme il l'est par sa mère, cet enfant deviendrait vite insupportable.

Vendredi 28 janvier 1938

Marie-Louise m'appelle au secours. Ma robe de l'autre soir lui a tellement plu qu'elle aimerait que je lui fasse connaître ma couturière : elle doit accompagner Abel à un dîner officiel où il y aura Pierre Cot, le ministre de l'Aviation, et elle tient à faire honneur à son mari, surtout qu'il n'y aura que du « beau linge ».

Dans sa boutique de la rue Franklin, Annie jauge Marie-Louise ; elle a une brutalité chaleureuse qui flatte, en fait, ses clientes.

Elle lui trouve de belles et longues jambes, mais ne peut que constater une quasi-inexistence de poitrine. « J'ai quelque chose qui vous conviendra parfaitement », lui dit-elle en lui présentant un modèle de Paquin, une robe fourreau qu'elle lui propose dans une soie fuchsia qui lui ira à ravir au teint.

Marie-Louise hésite en portant à son visage les échantillons de Bianchini et Ferrier : « Marguerite, cette couleur ne vous paraît pas un peu criarde ? » Nous finissons par la convaincre et Annie rajoute en riant que pour le bustier, elle soit sans crainte, qu'elle s'arrangera pour lui donner une illusion de poitrine.

Marie-Louise hésite encore dans la peur que ce choix heurte le parti pris de discrétion d'Abel, mais Annie l'assure que le premier des devoirs conjugaux est de séduire son mari et lui confie qu'elle ne peut imaginer le nombre de mariages que ses robes ont pu sauver.

Dans le taxi du retour, encore tout inquiète de son choix, Marie-Louise craint que son seul manteau de fourrure d'astrakan ne puisse aller avec cette robe. Je lui réponds que les manteaux se mettent aux vestiaires, et que je lui prêterai volontiers mon étole de vison.

Elle me remercie avec un sourire merveilleux de petite fille qui, au temps de l'avent, attend Noël avec impatience.

Mardi 8 février 1938

Le secrétaire de l'oncle Otto me téléphone que ce dernier est à Paris, et qu'il aimerait m'avoir avec les enfants pour goûter jeudi prochain, au *Crillon*.

Je téléphone à Marie-Louise que je ne pourrai l'accompagner promener Jacky au bois de Boulogne.

Devant sa déception, je lui explique que j'ai tellement rarement l'occasion de rencontrer mon oncle que je ne peux manquer celle-là, et quand j'ajoute qu'il est colossalement riche, Marie-Louise alors me comprend : « Un oncle riche est évidemment un homme à soigner ! »

Georges est toujours inquiet quand je rencontre mon oncle ; il y a une grande incompréhension entre eux, sans doute à cause de l'allemand maladroit de mon mari, et puis il s'est passé des tas de choses : en accordant à mon époux son aide financière dans son négoce de ferraille, oncle Otto lui avait imposé un associé juif sarrois dont il avait eu le plus grand mal à se débarrasser... Mais enfin, maintenant, c'est de l'histoire ancienne, et d'après ce que je sais, Georges se débrouille très bien tout seul. Bien que peu bavard sur ses affaires, il me paraît parfaitement à l'aise ; il m'a même confié que la course aux armements entraînait une hausse continue des ferrailles qui le comblait.

Tout de même, il devrait avoir une certaine reconnaissance envers mon oncle, auquel nous devons l'appartement de Neuilly et des mensualités qui nous permettent d'employer sans problème un couple de domestiques et Adda.

Jeudi 12 février 1938

Quand au « Qui dois-je annoncer ? » du concierge du *Crillon* je réponds « La nièce d'Otto Wolff », son visage compassé s'illumine d'un sourire obséquieux, et il réquisitionne sur le champ un groom pour nous conduire aux appartements de l'oncle Otto.

Son secrétaire Hermann m'accueille d'un baisemain à l'allemande avec brusque inclination du torse comme celui, jeune fille à Cologne, des fils de famille avec lesquels mon oncle espérait me fiancer.

Oncle Otto apparaît. Même son obésité est majestueuse et, dans la solennité de cette suite, les enfants sont tout intimidés. Mais, ma foi, il joue bien son rôle de grand-oncle en pinçant affectueusement la joue d'Elisabeth — « Mon Dieu, elle a beaucoup de ta mère ! » —, en élevant dans ses bras Jean-François pour l'embrasser avant de prendre Michel sur ses genoux quand il s'assied.

Quand arrive le chariot de pâtisseries, il les fait rire en leur disant que s'ils veulent devenir aussi gros que lui, ils doivent tout manger.

« Alors Gretchen, avec ces trois beaux enfants épanouis, tu es sûrement heureuse ! Enfin quelqu'un de stable dans la famille ! »

S'il ne m'a pas vue depuis si longtemps, c'est qu'il a dû aller en Chine et en Egypte. Il faut dire que dans l'Allemagne d'aujourd'hui il ne se sent pas très à l'aise, que ce pays est en proie à une folie collective.

En fait, il n'y aurait eu qu'un homme pour le sortir du désastre de Versailles, son ami Walter Rathenau, mais le pauvre était un Juif tellement messianique qu'il lui avait fallu trouver le moyen de se faire assassiner !

« J'ai honte de cet Adolf Hitler qui se comporte avec les Juifs comme le dernier sagouin des Polonais ! »... *« Ein Dreckspatz ! »* C'est la première fois que je l'entends employer un mot aussi vilain.

Comme pour sortir de cette confidence qu'il doit déjà regretter, il tape affectueusement la cuisse de Michel en lui confiant qu'il a une préoccupation encore bien plus grave : il a rencontré l'autre jour saint Nicolas qui était plein de remords d'avoir oublié ses neveux.

Les enfants cherchent des yeux où peuvent être les cadeaux mais saint Nicolas, en fait, a un compte ouvert chez Cartier, où je dois choisir des montres pour les garçons et un bracelet pour Elisabeth.

Les pauvres seraient encore plus déçus s'ils savaient que je comptais mettre leur cadeau au coffre jusqu'à leurs dix-huit ans ! En attendant, j'achèterai des montres en acier pour les garçons et une gourmette pour Elisabeth.

Mercredi 23 février 1938

Au téléphone, Marie-Louise m'annonce toute joyeuse qu'à son dîner sa robe remporta un succès qu'elle n'aurait jamais imaginé, et qu'Annie avait raison, Abel l'avait en quelque sorte regardée avec d'autres yeux.

Comme elle compte me rapporter mon étole demain, pourquoi ne pas ensuite emmener jouer les enfants à la pinède du bois de Boulogne.

Jeudi 24 février 1938

Pour notre sortie, Marie-Louise a cru bon de s'encombrer d'un véritable sac de pique-nique avec bouteilles thermos, tartines et confiseries, sans compter les jouets, ballons, seaux et petites voitures.

Bien sûr, Jacky est tellement emmitouflé qu'on dirait un petit Canadien allant affronter le Grand Nord.

Le pauvre petit, elle ne le laisse pas en paix une minute. A peine une partie de balle aux chasseurs est-elle commencée qu'elle se croit obligée d'aller rajuster son manteau et de renouer son cache-col.

Avec ses incessants « Viens boire chaud Jacky ! tu vas te refroidir », ses « Maintenant viens manger cette tartine » et ses « Tu n'as pas envie de faire pipi ? », elle finit par me faire rire.

Jacky est tout d'un coup passionné par le Yo-Yo de Michel, qui le lui prête, mais comme il est trop petit pour avoir le coup de main nécessaire pour le réenrouler sur lui-même, il se met à trépigner d'une rage qui se transforme en sanglot, jusqu'à ce que le « Si tu continues, je vais le dire à ton papa ! » le calme.

En passant devant Saint-Pierre de Neuilly, je confie à Marie-Louise que je n'aime pas trop cette architecture faussement byzantine mais, qu'on le veuille ou non, c'est quand même notre paroisse, et sans même nous concerter, nous entrons dans l'église pour nous y recueillir avec les enfants.

Le calme majestueux, la pénombre apaisante aux odeurs mêlées d'encens impressionnent les âmes candides des garçons qui nous laissent nous recueillir devant la statue de la Vierge — « Oh ! Dieu, crée en moi un cœur pur et renouvelle en moi un esprit saint. »

Marie-Louise finit par se lever de son prie-dieu pour aller allumer un cierge avec Jacques et, quand elle se retourne, elle m'adresse un sourire lumineux, peut-être comblé par la grâce.

Mardi 1er mars 1938

Mon dieu, quelle semaine ! Je suis si fourbue et éreintée que je néglige mon journal intime ; j'ai dû faire des courses dans tout Paris vendredi pour préparer les sports d'hiver ; il y a eu le même soir le concert de mon ami Vlado Perlemuter, suivi d'un souper à la Lorraine.

Samedi, j'ai dû accompagner les garçons chez le docteur Martinguet, puis Elisabeth à sa leçon de violon. Enfin, hier, il m'a fallu aller à Pontoise pour discuter avec le couvreur de réparations sur la maison ainsi qu'avec le jardinier, le père Meunier, qui devient bien vieux. Et pour couronner le tout, j'ai attrapé froid dans le train du retour.

Je profite de ce refroidissement pour demander à Marie-Louise de passer prendre le thé. Je n'ai pas arrêté de penser au sourire qu'elle a eu en sortant de l'église et, maintenant, je crois savoir pourquoi je l'apprécie : elle possède une merveilleuse âme fraîche et simple.

Dans le fond, je serai toujours partagée entre l'austérité luthérienne des Wolff et le catholicisme dans lequel j'ai été élevée en France, mais finalement, peut-être, du moins je l'espère, protestantisme et catholicisme ne sont-ils que deux mêmes voies séparées par les hommes pour aboutir à un même évangile.

Marie-Louise, elle, n'est absolument préoccupée par aucun problème théologique et métaphysique. Elle croit tout simplement en Dieu, du moins au Dieu de sa Corrèze que célèbrent chaque dimanche les femmes, pendant que leurs maris les attendent au café. Mais ce Dieu-là, elle l'a tellement prié qu'il a fini par l'exaucer : Jacques en est la preuve, c'est l'enfant du miracle, et à chaque fois qu'elle entre dans une église, elle ne peut s'empêcher, en guise de reconnaissance, d'y allumer un cierge.

Dehors, le jour tombe. D'imperceptibles cliquetis de chauffage central soulignent le silence du salon. J'entends à peine Adda qui vient d'aller chercher les garçons à l'école et je ferme les yeux pour mieux écouter Marie-Louise me raconter le miracle que sa foi simple est arrivée à susciter.

Georges arrive plus tôt que d'habitude et je dois fermer mon journal ; il en est presque jaloux et me reproche de passer mon temps à écrire. Pourtant, Dieu sait comme j'aurais aimé relater ce soir même les étranges confidences de Marie-Louise !

Mercredi 2 mars 1938

J'ai pensé toute la nuit aux confidences de Marie-Louise et j'ai une telle hâte de les consigner que, négligeant mon bain, je m'assieds en robe de chambre à mon bureau.

Son mariage avec Abel en 1921 avait été un vrai mariage d'amour — « Nous n'étions pas bien riches, mais si heureux ! » Elle était arrivée à faire oublier à Abel tous ses mauvais souvenirs de guerre, particulièrement en Pologne, où son régiment avait été envoyé après l'armistice.

Elle était même arrivée à le faire grossir — « A sa démobilisation, vous n'imaginez pas comme il était maigre, une vraie radiographie ! » — et leur bonheur avait été rapidement comblé par l'annonce d'une maternité.

Abel avait fini par trouver une modeste place d'employé de banque à Clermont-Ferrand, et elle se souvenait avec émotion des soins attentifs et de la gentillesse dont il avait entouré sa grossesse, malgré son travail acharné pour obtenir une promotion — « Abel, ça on ne peut le nier, c'est un travailleur ! »

Quand l'enfant parut, c'était une adorable petite fille qu'ils appelèrent Jacqueline ; son seul regret avait été de ne pouvoir l'allaiter.

« D'avoir fait un aussi beau bébé, je n'en revenais pas. Elle souriait tout le temps, Abel en était gâteux ! »

Elle était si gracieuse qu'elle fit la conquête de son grand-père Chirac, qui, malgré son anticléricalisme, accepta d'aller au baptême.

Abel en était tellement fou qu'il ne voyait leur avenir qu'au travers d'elle, jusqu'au jour où un mauvais rhume dégénéra en une broncho-pneumonie foudroyante qui leur enleva leur petite fille.

Folle de désespoir, elle s'accusait de ne pas l'avoir allaitée et ne cessait de promener sa désolation entre les murs d'une maison vide. Elle n'avait plus de goût pour rien, même pour manger. Atteinte d'anorexie, elle devenait de plus en plus faible.

Heureusement, Abel, lui, était solide et, après avoir partagé le meilleur avec elle, il accepta avec abnégation d'être solidaire dans le pire.

Affaiblie, elle finit par contracter une septicémie.

Sur son lit d'hôpital, elle n'arrêtait pas de demander à Dieu de lui permettre de rejoindre au ciel sa petite fille.

Quand on lui appliqua un masque de chloroforme, elle s'endormit, indifférente à tout; à peine si elle aperçut comme dans un brouillard Abel qui discutait avec des chirurgiens.

A son réveil, Abel lui tenait la main, mais elle avait si horriblement mal dans le bas-ventre qu'elle ne pouvait s'empêcher de gémir; Abel essayait de la consoler, sans oser lui dire que le chirurgien lui avait ligaturé les trompes.

Quand elle l'apprit, elle se mit à sangloter des jours et des jours, n'oubliant sa douleur physique que dans le désespoir de ne plus pouvoir enfanter.

Son âme meurtrie et révoltée, l'aumônier de l'hôpital sut l'apaiser, et par la prière elle commença peu à peu à reprendre goût à la vie.

Le dévouement dont l'entourait Abel méritait qu'il retrouvât une épouse aimante, compréhensive envers son ardeur au travail, qui leur procurait leurs premières satisfactions d'argent.

Toutes les nuits, elle priait en cachette de son mari. Elle savait qu'elle demandait à Dieu l'impossible, mais Dieu finit par l'exaucer : dix ans après, elle se trouva miraculeusement enceinte.

Stupéfait, son gynécologue ne put que constater sa grossesse.

Inutile de dire les précautions qu'elle prit alors et pourquoi elle voulut absolument accoucher dans une clinique parisienne renommée.

Mon Dieu! J'ai beaucoup de mal à croire à cette trop belle histoire! Dieu a dû intervenir en personne pour rendre féconde Sarah la femme d'Abraham, et Léa, la femme de Jacob, a dû avoir recours à des mandragores.

Cette histoire de clinique parisienne renommée alors que toutes ses attaches étaient en Auvergne me paraît bien étrange pour un modeste couple d'employés de banque.

Mais, même si Jacques n'est pas un enfant de sa chair, même s'il a été adopté, elle est tellement exclusivement, intensément mère de ce petit garçon que cela n'a aucune importance !

Alors que je ne lui demandais rien, pourquoi s'est-elle laissée aller à ces confidences si maladroitement arrangées ? Peut-être n'est-ce que pour justifier la dévotion débordante qu'elle a pour son fils... En tout cas, je me serais bien passée d'un secret ou d'un doute aussi lourd à porter.

Samedi 12 mars 1938

Je prends le petit déjeuner avec Adda quand Maria m'apporte *le Figaro.*

En en découvrant la manchette, les yeux d'Adda s'illuminent brusquement, intensément — « Madame, il me faut absolument prendre le premier train pour Vienne ! »

Je la regarde surprise ; elle qui d'habitude est si calme me désigne tout excitée la première page du journal : les troupes allemandes viennent de pénétrer en Autriche.

Je suis interloquée de la voir agitée, comme secouée de soubresauts nerveux pour me dire qu'il lui faut absolument assister à l'Anschluss, qu'elle ne peut manquer le plus beau jour de sa vie — « Rendez-vous compte, me dit-elle en m'empoignant la main, que nous n'allons former qu'un seul Reich, avec un seul Führer ! »

Elle s'est mise dans un tel état d'excitation que j'en reste pantoise ; oncle Otto a raison : cet Adolf Hitler les rend tous fous, même cette pauvre Adda !

Je lui fais calmement remarquer que nous comptions l'emmener à l'Alpe d'Huez mais elle me répond, presque insolemment, que je peux garder ses gages, qu'il lui faut partir aujourd'hui même et qu'elle n'arrive pas à comprendre que mon sang allemand ne participe pas à son enthousiasme.

« Madame ! Vous ne comprenez enfin pas que nous tenons notre revanche du diktat de Versailles. Tout Vienne va pouvoir entonner le *Horst Wessels Lied* et le *Deutschland Uber Alles* ! »

Vraiment, je suis de plus en plus sidérée par cette transformation. Quand je pense que, pour Noël, elle m'avait fait la surprise d'apprendre en secret aux enfants ce vieux cantique de la natalité, *Ein Kind Geborn Zu Bethleem* !

Devant sa détermination, je ne peux que lui dire que les enfants l'aiment tellement qu'ils vont la regretter. Elle aussi, mais je devrais comprendre que le Führer a besoin de toute l'énergie de son peuple.

Je n'insiste pas plus et la laisse préparer ses bagages.

Dans l'enveloppe de ses gages, je lui glisse un petit camée qu'elle admirait et une photo d'elle avec les trois enfants.

Dans le vestibule de l'entrée, je l'aperçois avec son petit feutre à bords courts et ses cheveux noirs en chignon, et je me demande encore comment cette fureur nationale-socialiste a bien pu s'emparer de sa gracieuse silhouette, tellement viennoise.

Des larmes viennent, quand même, mouiller ses yeux quand elle embrasse les enfants.

Cet Anschluss me paraît aller dans la logique des choses ; après tout, c'est Clémenceau qui avec son traité de Versailles a parachevé l'unité allemande, et pourquoi ne pas y réunir l'Autriche ? Déjà je me souviens qu'avant guerre il y avait des courants pangermanistes très forts en Bavière et en Autriche.

Dimanche 13 mars 1938

Ce départ surprenant d'Adda a failli me faire annuler le dîner prévu chez les Chirac avec un couple de leurs amis, les Azéma. Malgré tout, Elisabeth est assez grande pour garder ses deux frères.

Quand nous arrivons, les Chirac et les Azéma écoutent avec des mines graves les dernières nouvelles au poste de radio, un véritable meuble dont Marie-Louise est très fière.

La voix du présentateur est épouvantablement haineuse vis-à-vis des Allemands : il annonce que le Führer est accueilli en libérateur par une population en liesse et qu'il est attendu d'un moment à l'autre à Linz.

Les acclamations « *Ein Volk, Ein Reich* », les ovations ponctuées d'« *Heil Hitler* » finissent par couvrir la musique des marches militaires.

Demain, il devrait prononcer un discours à Vienne devant des milliers d'Autrichiens dont cette pauvre Adda.

Le speaker hurle que, sur un fond d'hystérie collective, nous assistons à un véritable défi lancé aux puissances démocratiques.

Agacé, Abel éteint la radio : « Encore un imbécile qui n'a pas pris le temps de lire *Mein Kampf* ! Monsieur Hitler a eu la gentillesse de nous détailler tout son programme expansionniste et nos hommes politiques l'ignorent totalement... Non, non, voyons ce n'est qu'un bluffeur ! Ils auraient pourtant dû être échaudés après la remilitarisation de la rive gauche du Rhin et, demain, s'il règle à sa manière le problème des Sudètes en envahissant la Tchécoslovaquie, la guerre éclatera pour de bon. »

Marie-Louise s'est levée pour aller coucher Jacky et, pour échapper à tous ces commentaires, je la suis : Jacky joue dans sa chambre avec ses petites voitures — il en a la passion — et sa mère en riant lui prédit un avenir de garagiste.

J'en profite pour observer son visage et s'installe en moi le doute : si c'est un enfant adopté, ils l'ont en tout cas bien choisi avec son joli petit minois, qui pourrait être aussi bien celui d'un petit Corrézien que celui d'un petit Espagnol.

Je ne peux m'empêcher de l'embrasser avec une grande tendresse.

Au dîner, je raconte le départ subit d'Adda et sa folie nationale-socialiste.

Marie-Louise n'en revient pas : « Une jeune fille aussi douce et si gentille ! »

Abel la coupe : « Mais voyons, Marie-Louise ! les foules sont composées en majorité de gens doux et gentils ! Crois-moi, c'était une majorité de braves types français comme allemands qui se sont livrés à cette boucherie de la dernière guerre. »

Sarcastique, monsieur Azéma lance à Abel, qui ne cache pas ses sympathies radicales-socialistes, que c'est la révolution française qui a inventé la mobilisation générale avec ses levées en masse au nom de ce merveilleux idéal « d'un sang impur qui abreuvera nos sillons », et, désabusé, il conclut que les hommes sont devenus des rats qui attendent un joueur de fifre providentiel comme Adolf Hitler pour les conduire au suicide.

« Malheureusement, ni Blum ni Sarraut ne savent jouer du fifre », constate Abel.

Avant de partir, Abel me recommande de lire *les Croix de bois* de Roland Dorgelès et *le Voyage au bout de la nuit* d'un certain Louis-Ferdinand Céline. Il me prévient moqueur que ce ne sont pas des livres pour jeunes filles, ni même pour une lectrice de *Figaro*, mais qu'ils m'aideront à mieux comprendre cette folie meurtrière qui s'est emparée de nos contemporains.

Cette attention d'Abel me touche profondément ; peut-être, derrière sa réserve, cache-t-il une certaine curiosité intellectuelle.

Georges prétend que ce comportement réservé, il l'a acquis comme tout directeur de banque qui apprend à jauger, sans ciller, l'industriel qui lui demande de l'escompte.

Lundi 14 mars 1938

Lorsque je lui commande le livre de ce Louis-Ferdinand Céline, la libraire qui me connaît bien me dévisage d'une étrange façon.

Le départ d'Adda m'oblige à m'organiser maintenant différemment : je dois conduire et aller chercher Michel aux rangs de Sainte-Croix, avenue Victor Hugo, et j'ai pris rendez-vous avec la cheftaine de la meute du collège pour l'inscrire aux louveteaux.

Il est ravi de Baghera, une jeune fille de famille qui a l'air vraiment dévouée. En fait, il était assez jaloux de l'uniforme scout de son frère, qui n'arrête pas de collectionner les badges.

Comment peut-on imaginer deux caractères aussi dissemblables ? Autant Michel est indiscipliné et désordonné, autant Jean-François est appliqué, que ce soit au collège ou pour son piano.

Avec Georges, nous avons décidé de dîner avec les enfants, non pas pour éviter un autre service, mais pour mieux profiter de leur présence ; peut-être que, sous l'influence de Marie-Louise, j'éprouve du remords de ne pas m'en être assez occupée.

Jeudi 17 mars 1938

Samedi prochain, nous partons à l'Alpe d'Huez. Michel passe son premier jeudi de louveteau et j'accompagne, pour la dernière fois avant notre départ, Marie-Louise et Jacques au bois de Boulogne.

Trois petits garçons délurés de cinq ou six ans transforment en train un alignement de chaises métalliques. Le plus grand me semble être le conducteur de train, et les deux plus petits les Indiens.

Sans oser le leur demander, Jacky meurt d'envie de se mêler à leurs jeux. Apparemment, ce sont des enfants de concierge ou de petits commerçants du voisinage qui, faute de jouet, doivent avoir recours à leur imagination, et Jacky, en leur exhibant un superbe ballon rouge, me fait penser au jeune Bicot qui m'a tellement amusée dans un album que je ne sais plus qui avait donné à Jean-François.

La chaisière trottine le plus vite qu'elle peut pour venir gronder les trois petits chenapans qui se sont emparés de son matériel ; en s'enfuyant, ils lui font la nique pour se cacher derrière des arbres.

La chaisière repartie en haussant les épaules, Jacques s'enhardit à leur proposer de jouer avec eux. Dans la partie de ballon qu'ils improvisent, Jacques fait équipe avec le plus grand contre les deux petits.

Tout essoufflé et excité, il va chercher dans le sac de sa mère un paquet de bonbons qu'il offre à ses nouveaux amis ; si Marie-Louise s'extasie de son manque d'égoïsme et sa générosité, je n'y vois, moi, aucune grandeur d'âme, il est tout simplement en train de s'acheter des compagnons de jeux.

J'étais moi aussi une fille unique et je me souviens avec amertume de toutes mes petites bassesses pour parvenir à sortir de ma solitude.

Vendredi 25 mars 1938

L'Alpe d'Huez est un petit village calme et paisible où il n'y a pratiquement que notre hôtel, *l'Edelweiss* ; je m'y sens beaucoup mieux qu'à Megève où nous allions auparavant.

Je viens de finir ce livre de Louis-Ferdinand Céline ; c'est un long cri de désespoir qui m'a laissé un grand sentiment de tristesse, la vaine recherche d'un homme qui ne trouvera jamais Dieu, pauvre Bardamu ! Mais Abel a raison : les premières pages sur la guerre sont poignantes et je finis par penser que le patriotisme exacerbé est une manifestation satanique.

J'en ai parlé hier soir après le dîner avec un couple de Juifs allemands, Léo et Stella Adler, avec qui je sympathise.

Ils sont terriblement inquiets de l'avenir et pensent en illustration de mon propos que le Führer est certainement une incarnation du démon qui n'a fait que commencer à déchaîner les forces du mal.

Vendredi 20 avril 1938

Marie-Louise est venue déjeuner à la maison. Elle est restée absente pendant tout le repas et a à peine touché à son turbot.

Elle a les traits tirés et est si pâle que, quand nous passons au salon pour prendre le café, je m'inquiète de sa mauvaise mine.

« Vous ne savez donc pas, Marguerite, que nous sommes un vendredi 13 ! » me répond-elle.

Je ne sais pas si elle est vraiment superstitieuse, mais en tout cas elle me paraît certainement de méchante humeur, et je m'assieds devant le Pleyel pour pianoter une barcarolle de Schumann.

Un long moment, elle reste toute songeuse, pour enfin me dire : « Comme cela doit être apaisant de jouer du piano ! »

Je la suppose donc tourmentée, et continue à jouer jusqu'à ce qu'elle se décide à livrer les causes de sa préoccupation.

Abel en est à l'origine : elle se doutait bien qu'il la trompait, mais maintenant elle en a la certitude.

Hier soir, quand il est rentré d'un soi-disant dîner d'affaires, « il sentait la poule et l'alcool », et elle a même aperçu à la base de son cou une marque imperceptible qui ne pouvait être que de morsure... et dire qu'il avait eu le culot de vouloir recommencer « ça » avec elle.

Sans doute pour le petit et surtout pour gagner le temps nécessaire pour réfléchir sur la conduite à tenir vis-à-vis de son mari, elle s'était résignée à accepter.

Après, elle avait passé une nuit terriblement agitée dans la chambre de Jacky, pesant le pour et le contre d'une scène violente qui ne demandait qu'à éclater, envisageant jusqu'au divorce ou du moins une séparation, mais « impossible d'envisager de priver Jacky de son père ».

En tout cas, plus rien ne serait jamais comme avant.

« Rien ne soulage mieux une âme désespérée que de croiser une compagne d'infortune » a écrit, je crois, Gœthe dans *les Souffrances du jeune Werther.*

Cette compagne d'infortune, je la suis, mais en plus, j'ai été bafouée sur la place publique. J'en suis tombée malade physiquement et moralement au point d'arrêter de tenir mon journal intime auquel je tiens tant.

Maintenant que mes plaies se sont à peu près cicatrisées, je raconte à Marie-Louise ce que j'appelle l'accident de la rue de Rome.

Michel était encore tout bébé et Georges avait dû accompagner mon oncle Otto et un maître de forges de l'Est à une soirée, à Montmartre.

Au petit matin, sur le retour, Georges écrasa avec sa grosse Voisin, rue de Rome, un vagabond, pochard qui gisait, ivre mort, à même la chaussée.

Dans la voiture, ils avaient pris avec eux deux grues, deux blondes platinées de la pire espèce, et ce mélange de mort et de débauche avait été pour moi insupportable.

Le lendemain matin, je découvris avec stupeur dans *l'Action Française* que les Boches n'avaient pas hésité à écraser un ancien combattant en plein Paris ; pour *l'Humanité*, les Boches étaient devenus des ploutocrates internationaux qui n'avaient pas hésité à assassiner en plein Paris un pauvre prolétaire, mais le pire avait été *le Petit Parisien*, qui publia non seulement des photos de Georges, d'Otto Wolff et des entraîneuses, mais avait enquêté dans le monde de la ferraille, d'où j'appris qu'on surnommait mon mari « le beau Georges », le « tombeur de ses dames » et, le plus douloureux, qu'il avait fait un mariage d'argent.

Blessée à mort au plus profond de mon être, abasourdie, hébétée, je suis entrée dans un tel état de prostration que je ne voulais plus voir personne, à commencer par « le beau Georges » qui pénétrait par effraction dans mes cauchemars avec sa petite moustache conquérante, en compagnie d'infâmes entraîneuses de cabaret.

J'étais la proie d'horribles visions de satyres lubriques et orgiaques qui ne cessaient de me poursuivre. Ma santé mentale en fut tout ébranlée.

Interloquée, Marie-Louise me demande comment je suis arrivée à m'en sortir.

« En rencontrant un père jésuite, Joseph de Tonquédec, qui a pris en charge ma conscience, et un psychiatre, le docteur Vinchon, qui a fini par avoir raison de mes psychoses. »

Sans eux, je crois que je me serais séparée de Georges.

Ils m'ont persuadée qu'aussi douloureuse qu'était ma blessure elle n'était que d'amour-propre, et que je devais pardonner « à celui qui m'avait offensée » pour conserver un père à mes trois enfants.

En fait, c'est l'amour des enfants qui a sauvé notre mariage.

Il m'a fallu quand même plusieurs années pour parvenir à éliminer totalement tous ces mauvais souvenirs.

Gœthe avait raison, le récit de mon infortune apaise Marie-Louise.

« Eh bien, ma pauvre Marguerite, comme vous avez dû souffrir ! me dit-elle encore tout émue. Et vous n'avez pas peur que votre beau Georges fasse à nouveau des fredaines ? »

Marie-Louise a le secret d'expressions qui me feront toujours sourire. Fredaines pour fredaines, je lui réponds que je ne crois pas qu'il en fasse ou bien qu'il s'arrange pour que je n'en sache rien.

« Pour que je n'en sache rien ! pour que je n'en sache rien ! ricane-t-elle en se levant. Vous en avez de bonnes, Marguerite ! En tout cas, Abel me le paiera et, s'il n'y avait pas Jacky, je lui rendrais la monnaie de sa pièce ! Je n'aurais pas à aller bien loin, mon voisin me fait les yeux doux ! »

Je me rends compte qu'en gesticulant elle libère toute sa hargne contenue depuis la veille, et je laisse la soupe au lait monter. Quand elle sera retombée, Abel ignorera le service que je lui ai rendu.

En Allemagne, on apprend à se méfier des filles trop jolies, mais peut-être, en France, devrait-on conseiller aux filles de se garder des hommes trop séduisants.

Dimanche 8 mai 1938

Georges s'est acheté une nouvelle voiture : une Reinastella ; elle est monstrueuse, presque un autocar avec en plus des banquettes arrière, des strapontins.

Il est tellement content de son acquisition qu'il aimerait commencer à la roder dans la forêt de Saint-Germain.

« Pourquoi ne pas emmener les Chirac à la Croix de Noailles ! »

Abel et Marie-Louise montent devant à côté de Georges tandis que je m'assieds derrière avec les enfants.

Jacques est certain que cette Reinastella est si grosse que nous allons dépasser toutes les voitures ; il est déçu : Georges, en rodage, se laisse doubler par une petite Rosengart.

Je note que Marie-Louise s'est laissé tendrement prendre l'épaule par Abel qui fredonne une chanson où il est question de bord de l'eau.

La journée est radieuse. Cette fin de printemps a pris des allures d'été et la végétation est en avance.

Après le déjeuner, je propose aux enfants une promenade pour aller herboriser dans les bois. Jean-François et Elisabeth rechignent, et Michel et Jacky se précipitent vers des voitures à pédales que le restaurant met à la disposition des enfants.

« Comme il va être heureux mon petit garagiste de fils », plaisante Marie-Louise, mais Abel la reprend d'un ton sévère : « Tu vas cesser avec cette histoire de garagiste ! Tous les autres enfants de son âge veulent devenir explorateur, médecin, navigateur, que sais-je ! Tu ne vas quand même pas élever mon fils dans un idéal de cambouis. »

En heurtant en public la sensibilité à fleur de peau de Marie-Louise, Abel a cassé le charme de cette journée de campagne, et nous décidons de laisser nos maris devant leurs cognacs pour aller rejoindre les enfants aux balançoires.

Lundi 23 mai 1938

Je m'en veux de négliger Marie-Louise mais je suis débordée, je dois faire travailler Michel d'arrache-pied pour éviter qu'il redouble sa huitième.

Décidément, avec le personnel, je n'ai pas de chance : après Adda, Maria et Jan m'ont donné leur congé pour repartir en Pologne, plus exactement en Posnanie.

Peut-être influencée par la psychose actuelle et, surtout, parce que Jan m'a déclaré un bon matin, à mon ébahissement, que la Posnanie, patrie de Ludendorff, n'arriverait jamais à se sentir polonaise, je les soupçonne eux aussi d'avoir des sympathies nationales-socialistes.

L'agence de placement m'envoie des couples impossibles qui ne durent pas trois jours, et je me vois contrainte de faire le marché et la cuisine.

J'ai été très sensible à l'invitation de Stella Adler qui donne une réception d'adieu, au *Majestic*, avant son départ aux Etats-Unis ; j'en suis d'autant plus touchée que, pendant les dernières vacances à l'Alpe d'Huez, nous nous sommes à peine connues. Comme Georges est en voyage, je m'y rends seule.

Ce fut une soirée très étrange, bien que la majorité de l'assistance ait été juive, je me sentais en Allemagne : d'abord, tout le monde y parlait allemand ; les hommes avaient ce genre de comportement tellement germanique qui passe sans transition du cérémonieux aux éclats de rire ; les femmes portaient des robes qui me semblaient n'avoir été conçues que pour faire ressortir l'éclat de leurs bijoux, en preuve de la réussite sociale de leurs maris.

Mais les éclats de rires sonnaient un peu faux et les chuchotements inquiets.

En leur parlant, je ressentais un très fort sentiment de *Heimweh* pour une Allemagne qui les avaient pourtant rejetés.

Dans son discours d'adieu, Léo Adler assura en les montrant à l'assistance que ces passages de la Cunard Line représentaient pour Stella et lui des billets pour le paradis.

Jeudi 26 mai 1938

Je reçois une lettre de Pâquerette Manière qui m'invite pour le 7 juillet. Elle a rajouté en *post-scriptum* : « Il paraît qu'avec Marie-Louise vous êtes devenues les meilleures amies du monde ; qui avait raison ? encore Pâquerette ! »

Samedi 7 juillet 1938

Quand Pâquerette vient à Paris, c'est toujours une fête pour Elisabeth. Sa marraine l'accompagnera à sa leçon, boulevard Pereire, et après, bien sûr, il y aura le goûter et surtout l'achat de romans pour l'été : Pâquerette aime à guider les lectures de sa filleule.

Georges a dû aller en Pologne pour ses affaires de ferrailles. Il prenait pour la première fois l'avion et en était excité comme un enfant.

Abel est en voyage je ne sais où, et nous avons décidé d'un dîner entre femmes, bien sûr, à cause de mes ennuis domestiques, chez Marie-Louise.

« Alors, entre toi et Marie-Louise, c'est donc la grande amitié que j'avais prévue, se moque Pâquerette. Personne ne peut résister à sa fraîcheur d'âme et à sa spontanéité malgré ses "qui c'est qui", "le quatre heures", ou "au plaisir". Mais elle est loin d'être nigaude ! Et à Clermont-Ferrand, elle me manque.

— Tu vas rire, mais je me surprends parfois à employer certaines de ses expressions ! »

Puis je lui raconte comment je lui fais découvrir Paris, mes magasins du boulevard Capucine et de la rue de Rivoli, la pâtisserie danoise et le salon de thé d'Angélina. Je lui avoue qu'au début elle me gênait un peu, mais qu'après tout, on devait la prendre pour une cousine de province !... Ce que je pense du séduisant et bel Abel ? Que c'est un homme charmant, intelligent, aussi réservé que sa femme est exubérante, et que Georges s'entend à merveille avec lui.

« Celui-ci, il cache bien son jeu ! me confie-t-elle. C'est un véritable bourreau des cœurs ! Notre pauvre Marie-Louise est trompée comme personne, mais il le fait avec tellement de discrétion, en quelque sorte avec tellement d'élégance que Marie-Louise ne se doute de rien ! »

En taisant les confidences de Marie-Louise, je m'aperçois que dans la hiérarchie de mes amitiés, Marie-Louise a devancé Pâquerette.

Pour complaire à sa passion, Pâquerette offre à Jacques un modèle réduit de Duisenberg, une superbe limousine américaine avec chauffeur qui manquait à sa collection. Il saute de joie en allant embrasser Pâquerette.

Marie-Louise coupe ses effusions en rappelant à Jacky le rituel de sa récitation auquel elle le soumet à chacune de mes visites. Aujourd'hui, c'est une fable de Florian, *Le Singe et la lanterne magique*, que je trouve bien compliquée pour un aussi petit bonhomme.

Livre en main, Marie-Louise le reprend à plusieurs reprises, mais son père ne rentre que jeudi et ils auront tout leur temps pour la réviser.

Sa hâte de parler avec Pâquerette nous fait éviter le drame.

Marie-Louise a mis la table dans la cuisine, la pièce finalement où elle se sent le mieux — « Figurez-vous que, même "pour le manger", je reste corrézienne ! » — et la Corrèze nous vaut des melons, des œufs brouillés aux truffes et un somptueux jarret de veau.

Pâquerette et Marie-Louise évoquent des souvenirs communs à Clermont-Ferrand, parlent d'un tel et d'un tel — comme elle regrette cette période de sa vie, heureusement qu'à Paris, elle m'a rencontrée ! — et ma nouvelle amie me fait rire en racontant sa version de nos sorties parisiennes : « Les vendeurs de magasin de Marguerite ont des allures si compassées qu'on a envie de les secouer et puis, quand vous avez un accent de province comme moi, ces messieurs se permettent de vous regarder de haut, sans parler de ces salons de thé où les clientes se croient obligées de parler à voix basse et, pour couronner le tout, ce métro qui sent mauvais. C'est bien simple, à chaque fois que j'y descends, j'ai l'impression de pénétrer dans une bouche d'égout ! »

Mon Dieu ! comme elle a hâte de retrouver dans deux semaines sa Corrèze, ses bruyères, ses châtaigniers et surtout son village de Sainte-Férérole où elle connaît tout le monde depuis la prime jeunesse. Et puis c'est un paradis pour le petit ! Il peut jouer à n'en plus finir et en toute liberté avec tous les autres gamins du village.

Quand Pâquerette lui demande si elle n'a jamais songé à emmener Jacques passer des vacances à la mer, elle s'esclaffe : « Pour y retrouver des Parisiens en maillot de bain, merci ! Et puis, la Corrèze, c'est mon pays et je ne vois vraiment pas pourquoi j'irais chercher ailleurs ! »

Vendredi 15 juillet 1938

Nous venons de prendre nos quartiers d'été à Pontoise et Marie-Louise est curieuse de connaître ma maison; les Chirac ne partent en Corrèze que mardi prochain.

En dehors d'eux, j'ai invité mes voisins et amis Carel et les Vasseur pour pouvoir monter deux tables de bridge.

Abel et Marie-Louise admirent cette belle et vieille maison qui a toujours été dans la famille, et surtout les jardins qui fleurissent sur plusieurs niveaux.

Celui de devant a des allures de jardin de curé avec, à l'est, un magnifique massif de bégonias dont je suis particulièrement fière.

C'est une journée magnifique, et j'ai mis une table pour les enfants à l'ombre d'un grand if.

Jacky est encore sous l'impression du défilé du 14 Juillet auquel il a assisté avec ses parents, sur les balcons du *Poste*

Parisien, aux Champs-Elysées. « Un spectacle magnifique, me dit Abel. Tous les régiments de l'empire y étaient représentés, depuis les cavaliers sauvages Tcherkess, avec leur toque d'Astrakan, les spahis, les tirailleurs tonquinois, les Sénégalais, enfin toutes les troupes coloniales ! Un véritable spectacle d'opérette ! Et dire qu'ils pensent intimider Hitler avec cette mascarade ! On avait plus envie de chanter *Travadja la Moukère*, *la Cabane bambou* ou *la Petite Tonquinoise* que *la Sambre et Meuse* ! »

A table, la hantise de la guerre est telle que je ne peux éviter une conversation politique qui va me gâcher cette belle journée d'été et ma timbale de ris de veau.

Abel, en tout cas, ne regrette absolument pas le Front populaire et la chute du cabinet Blum ; Daladier, avec Paul Reynaud aux Finances, a bien pris les choses en main, et la France va enfin pouvoir se réveiller.

Pierre Vasseur, lui, ne voit pas les raisons d'être inquiet : il est persuadé que Daladier aboutira à un pacte franco-soviétique et que, prise en tenaille, l'Allemagne hitlérienne n'osera pas bouger.

Quand j'annonce que je compte partir le mois prochain en vacances en Rhénanie, chez tante Anna, ils me regardent tous consternés, comme si j'étais devenue folle.

Par provocation, je leur assure que je ne vois pas très bien ce qui pourrait m'arriver et que d'ailleurs, de mère allemande, j'ai droit, comme mes enfants, à un passeport du Reich.

« Et avec une croix gammée en sautoir ! » me lance perfidement Charles Carel qui « bouffe du boche ».

Tout à coup, en regardant par la fenêtre, Marie-Louise se met à éclater de rire :

« Mais ma parole, les enfants, eux, sont déjà entrés en guerre ! »

Jacky s'est revêtu d'une panoplie de spahi que je regrette maintenant d'avoir achetée à Michel, qui lui s'est travesti en hussard allemand. J'avais oublié jusqu'au souvenir de cette panoplie que lui avait donnée, il y a plus de deux ans, tante

Anna. Je croyais même l'avoir jetée tellement je détestais la tête de mort qui en ornait la toque d'astrakan.

Aux hurlements de Jacques, je me précipite dans le jardin avec Marie-Louise : « Mais le petit est blessé ! », s'écrie-t-elle affolée par l'écorchure de son genou... Et elle me dit qu'il faut vite aller le désinfecter, qu'il peut attraper le tétanos.

Dans les bras de Marie-Louise, le petit gigote non pas de douleur mais de rage : « Michel est un tricheur ! »

Penaud, Michel baisse les yeux devant le regard furibond de Marie-Louise : « Enfin, tu es le plus grand, tu devrais faire attention. »

Abel survient. « Michel est un tricheur ! » continue de crier Jacques. Mais, devant le regard sévère de son père, ses hurlements sont devenus sanglots, et il continue entre deux hoquets d'accuser Michel de tricherie : « C'est un tricheur ! C'était moi le Français et il n'avait pas le droit de gagner ! »

Abel me lance un regard amusé : « Maintenant, il ne vous reste plus qu'à jouer les infirmières de la Croix-Rouge pour le grand blessé. »

Dans la salle de bains où nous avons emmené le petit spahi, la goutte de sang qui perle de son égratignure atterre sa mère, et, quand je prépare un coton de teinture d'iode, elle me demande de nettoyer cette « plaie » avec de l'éther pour éviter de le faire trop souffrir.

De toute façon, je suis bien décidée à jeter dès demain ces puérils oripeaux militaires.

Lundi 1er août 1938

Je me suis enfin décidée à prendre le train de nuit pour Cologne avec les enfants, qui sont tout joyeux de manger au wagon-restaurant, et encore plus de passer une nuit en couchette.

Elisabeth m'amuse : à treize ans, elle vient de découvrir la pudeur et exige que ses frères aillent dans le couloir quand elle enfile sa chemise de nuit.

A la frontière belge, deux douaniers me sortent de ma somnolence pour vérifier les passeports, et je sors dans le couloir pour regarder défiler le paysage : une plaine industrielle aux lourdes fumées noires des hauts-fourneaux, ponctuée de jets d'étincelles d'aciéries et de serpentins rouges, incandescents du fer qu'on lamine. Toutes ces usines sont sans doute des acheteuses de ferraille de Georges, auquel je pense.

Avec Abel, pour tromper leur ennui de vie de célibataire, ils se sont promis de se retrouver pendant le mois d'août au dîner, et j'imagine avec un peu d'inquiétude ce grand escogriffe d'Abel et la moustache conquérante de Georges à la terrasse du *Fouquet's*.

C'est fou, il suffit d'une coupe de cheveux pour vous signaler mieux qu'une frontière un changement de pays, d'univers. Les douaniers allemands ont les tempes et la nuque rasées, ils sont accompagnés d'un civil aux cheveux coupés aussi court, qui porte son costume comme un uniforme avec, à la boutonnière, un insigne à croix gammée.

Le regard dur de ce civil ne trouve rien dans mes bagages, et il finit par me souhaiter une bienvenue qu'il fait suivre d'un « *Heil Hitler* » qui me décontenance.

Gessner, le chauffeur de tante Anna, nous attend à la gare de Cologne; c'est un Saxon rondouillard à l'accent incompréhensible mais qui, comme dirait Marie-Louise, passe son temps à rigoler.

Je suis vraiment heureuse de retrouver Runderoth : une colline arborée, avec des jardins fleuris, nichée dans un méandre d'une rivière paresseuse. A son sommet, trois maisons basses se dissimulent derrière les tilleuls.

Cette propriété a le charme de la maison de Charlotte dans *les Affinités électives*, et l'idée de tante Anna et de l'oncle Otto d'avoir conçu trois maisons me paraît vraiment intelligente : l'une pour les invités, l'autre pour le personnel et la troisième pour eux-mêmes, qui se protègent ainsi de toute promiscuité et autres obligations mondaines.

Mais il manque à cette propriété des rires d'enfants : tante

Anna n'a jamais pu en donner à son mari et, même si elle s'est occupée de l'éducation de deux bâtards qu'a reconnus l'oncle Otto, mes cousins Hans et Otto, elle aura toujours le regret d'être une femme inaccomplie. C'est Pénélope qui attend parfois plus d'une année le retour de son mari et, faute de Télémaque pour se consoler, elle a pris une dame de compagnie, Hilda.

En m'accueillant, elle me répète mot pour mot la phrase de l'oncle Otto au *Crillon* : « Gretchen, avec ses trois beaux enfants si épanouis, tu dois être heureuse ! Enfin quelqu'un de stable dans la famille ! », et je comprends brusquement, alors, qu'entre tante Anna et son mari existe une complicité que rien ne pourra jamais détruire.

Hilda est une Poméranienne qui a décidé de porter à tout jamais le deuil de son mari tombé, à Verdun, il y a plus de vingt ans. L'intimité de cette veuve et de cette épouse délaissée a peu à peu transformé cette maison, conçue pour l'amour, en une sorte de béguinage.

Tante Anna, elle, est néerlandaise, et l'une et l'autre ont les mêmes regards mélancoliques des filles de marins qui ont appris, au-delà des dunes de sable, à se perdre vers le large.

Lundi 15 août 1938

Au-delà des jardins de Runderoth nous parviennent sans cesse la musique des fifres des *Hitler Jugend* et les chants martiaux des *Arbeit Dienst*, jeunes gens qui, torses nus et bêches sur l'épaule, vont rejoindre au pas cadencé des chantiers communaux.

Jusqu'à l'obsession, des emblèmes à la croix gammée flottent au vent à tous les coins de rues, et même le rocher romantique de la Lorelei est surmonté d'immenses oriflammes ornées de cette croix païenne ; le pauvre Heinrich Heine doit s'en retourner dans sa tombe.

« Il ne faut pas oublier, me dit, narquoise, cette calviniste de tante Anna, qu'Adolf Hitler a reçu une éducation catholique et qu'il s'est sûrement inspiré des pompes de ton Eglise et de ses bannières ! »

Dans une somptueuse vaisselle de Saxe, on ne nous sert rien, ou presque rien, en dehors des légumes du potager — « Figure-toi qu'ils en sont arrivés à envoyer un employé de la mairie pour compter les œufs du poulailler et réquisitionner ceux jugés en surnombre ! » me chuchote tante Anna. Et, ironiquement, Hilda s'étonne qu'ils n'aient pas encore pensé à compter les salades et les fruits du verger.

« Que veux-tu ? conclut ma tante, le beurre ou les canons, c'est le grand dilemme de notre Führer ! »

Le soir, quand les domestiques ont regagné leur maison, les deux femmes écoutent radio Hilversum ou la radio belge, « un crime de haute trahison », me confie tante Anna.

Elles ont dû apprendre à se méfier de tout le monde, même de ce brave Gessner qui, après deux ou trois verres de vin à l'auberge du village, pourrait se laisser aller à des racontars dangereux.

« Ils ont perverti à ce point l'ordre moral qu'ils encouragent les enfants à dénoncer leurs parents », m'assure Hilda, et « les femmes, leurs maris » ajoute tante Anna qui est particulièrement inquiète pour le sien. « Ton oncle s'est livré à une provocation inutile en publiant et en signant une biographie de Jean-Baptiste Ouvrard. »

Comme ce personnage ne me dit rien, elle m'explique que cet Ouvrard avait été le principal financier de Napoléon et que, en coupant ses crédits à l'empereur, il en avait eu raison bien avant Wellington. L'allusion de ce livre lui paraît un peu trop évidente.

Les compositeurs préférés de tante Anna sont Weber et Mendelssohn, et quand nous jouons pour elle certaines pièces à quatre mains avec Hilda, elle ne cesse de me reprendre tellement je suis habitée maintenant par l'angoisse de la guerre. Après tout ce que j'ai vu, j'en suis maintenant certaine, elle est imminente et va éclater d'un jour à l'autre.

Mon Dieu ! comme j'ai hâte de retrouver le confort bourgeois de mon appartement, Georges et le sourire chaleureux de Marie-Louise qui, elle, passe des vacances heureuses et simples en Corrèze.

Mardi 30 août 1938

Nous avons convenu que Georges viendrait nous chercher à Forbach, et je prends avec les enfants le direct Cologne-Sarrebruck, qui longe le Rhin pour ensuite aller s'enfoncer dans le massif de l'Eiffel, jusqu'à cette horrible concentration de hauts-fourneaux sarrois qui appartiennent pour la plupart à oncle Otto.

Sur le dernier drapeau à croix gammée de la frontière, je ne me retourne pas.

Après cette cure d'uniformes impeccables dans les rues de Cologne, je me prends de sympathie pour le débraillé des douaniers français et même pour la propreté douteuse du buffet de la gare, où les enfants se sont jetés sur leur nourriture, Michel prenant à pleine main sa côte de mouton.

« Alors Jo ! comment cela s'est-il passé avec Abel ? » Georges me regarde avec tendresse car il sait que quand je l'appelle Jo, je me sens terriblement sentimentale.

« Nous avons appris à mieux nous connaître, mais il a rejoint Marie-Louise en Corrèze après le 15 août. »

Dans la voiture qui est enfin rodée, je lui raconte l'Allemagne que je viens de vivre, mes angoisses et ma certitude de voir éclater la guerre d'un jour à l'autre.

Lui-même en est persuadé et il craint comme Abel, qui est quand même un spécialiste de l'aviation, que ce ne soit pas comme la dernière guerre, qu'il y ait de part et d'autre d'horribles bombardements et peut-être même des gaz asphyxiants.

« Mais Jo ! qu'allons-nous devenir avec les enfants ? » — qui, rassasiés, dorment les uns contre les autres à l'arrière de la voiture.

Il me répond que nous avons la chance d'avoir cette bonne vieille maison de Pontoise pour nous mettre à l'abri.

Avec son bon sens paysan, il compte y faire rentrer du

charbon et me demande pendant le mois de septembre d'y stocker du sucre, de la farine, des pâtes et des conserves.

Quand nous arrivons à Pontoise, il fait nuit, ce genre de belle nuit claire et chaude qui en Provence fait chanter les grillons.

Pour la première fois depuis un mois, je tombe contre Jo dans un sommeil profond. Je me sens protégée.

Vendredi 2 septembre 1938

La maison que j'ai retrouvée est impeccable, et je suis de plus en plus satisfaite d'Henriette. Cette fille est une vraie perle, c'est l'aînée d'une famille nombreuse, elle a dix huit ans et sait déjà tout faire.

Son désir d'apprendre est tout à fait exceptionnel ; elle m'a même demandé de guider ses lectures, et un peu sa conscience car elle est très dévote.

Avec Elisabeth, elle s'entend à merveille, et elle sait se faire respecter des garçons.

Devant toutes ces livraisons de boîtes de sardines, de thon, de pâtes, de sucre, elle s'étonne et, quand je lui explique que c'est en prévision de la guerre qui me paraît imminente, elle se met à pleurer : deux de ses oncles sont tombés à Verdun et elle a été élevée dans l'horreur de la guerre que perpétuent, dans sa maison, les photos encadrées de ses oncles en uniforme bleu horizon.

Georges est tellement affectueux avec moi que je me demande s'il n'a rien à se faire pardonner. Quand il se sent d'humeur un peu égrillarde, il ne peut s'empêcher de fredonner cette rengaine populaire *Marguerite, si tu veux faire mon bonheur*, un bonheur que je lui accorde avec une joie partagée.

Mardi 20 septembre 1938

Il faut que j'aille à Paris avec Elisabeth pour lui faire essayer son nouvel uniforme à la Samaritaine et commander les livres de classe des enfants.

Nous nous sommes invités chez Marie-Louise. Je la retrouve plus corrézienne que jamais, et Jacky, avec ses cheveux coupés au bol et son teint bronzé, a l'air d'un petit sauvageon.

En l'écoutant essayer de raconter un pêle-mêle de souvenirs de vacances, je le trouve, pour son âge, particulièrement éveillé.

Il fait rire Elisabeth en tentant de lui expliquer comment on pêche les écrevisses et comment on pose des collets.

« En tout cas, il a passé du bon temps ! Le roi n'était pas son cousin !, et vous avez vu comme il a forci !... », me dit Marie-Louise avec émerveillement.

Quand je veux lui confier mes angoisses de voir la guerre éclater, elle a un haussement d'épaules suivi d'un « On verra bien ! » d'impuissance devant des événements dont on ne pourra changer le cours.

Pour le moment, sa seule préoccupation, c'est la rentrée des classes : « Le petit va rentrer en dixième et Abel veut qu'il conserve son avance. »

Comme je lui demande pourquoi ils n'inscriraient pas Jacky plutôt au petit collège de Sainte-Croix qu'à l'école communale, je la fais bondir : « Me dire cela, à moi, une fille d'instituteur ! Pour les enfants, il n'y a pas de meilleure école que la communale ! Les instituteurs sont là pour enseigner, et les curés pour le catéchisme ! » En tombant comme un couperet, le dogme laïque de la séparation de l'Eglise et de l'Etat clot notre discussion.

Jeudi 22 septembre 1938

Les Chirac ont réservé quatre fauteuils d'orchestre au Marignan, pour le dernier film de Raimu : *la Femme du boulanger.*

Nous passons les prendre, heureusement. Marie-Louise s'était habillée comme pour aller à l'Opéra, et je la persuade qu'une robe et un manteau de demi-saison suffiront amplement.

Le temps qu'elle se change, qu'elle contemple son fils dans son premier sommeil, qu'elle fasse à la bonne ses dernières recommandations, elle parvient à nous mettre en retard.

Nous arrivons juste pour les actualités : il n'y en a que pour le grand rassemblement national-socialiste de Nuremberg. Avec ses « r » roulés, le discours d'Adolf Hitler est plus une incantation qu'une proclamation et, davantage qu'une parade, c'est un déferlement humain qui, par vagues successives, va rendre hommage à son Führer.

Après les images de cette grande messe satanique, qui me donnent la chair de poule, le film me paraît bien léger.

A part le dépaysement méridional et le jeu splendide de Raimu, ce film est une toute bête histoire de cocu qui n'apporte rien; pourtant, Abel y voit une œuvre exceptionnelle qui, à elle seule, justifierait le cinéma.

Cette garce que joue Ginette Leclerc avec tellement d'impudence et de vulgarité, je n'arrive pas à comprendre comment elle peut attirer les hommes.

La nuit est encore douce et nous allons souper à pied, au *Fouquet's*.

Quand la dame du vestiaire vient prendre nos manteaux, Marie-Louise me glisse qu'elle n'aurait pas dû m'écouter; la salle est tellement élégante qu'elle se sent gênée dans sa petite robe.

Le hasard fait que le maître d'hôtel nous place à côté d'un ami rotarien de Georges, Louis Vuitton, un malletier des Champs-Elysées qui soupe avec son épouse; impossible d'éviter les présentations et un baisemain qui surprend Marie-Louise.

Le temps que Louis Vuitton confie à Georges qu'il n'a jamais autant vendu de bagages que depuis la mobilisation, qui n'est encore que partielle, et nous nous asseyons.

Georges propose à Abel de le parrainer pour entrer au *Rotary*; à sa connaissance, il n'y a aucun membre dans le secteur de l'aviation. Abel lui répond que ce genre de club sélect peut à la rigueur convenir à Henry Potez ou à Marcel Bloch, mais certainement pas à lui.

Quand Marie-Louise reconnaît, à deux tables de nous, Jacqueline Boyer — « Vous savez bien, Marguerite, “parlez-moi d'amour et dites-moi des choses drôles” » — je sais qu'elle aura passé une soirée inoubliable.

En retournant à la voiture, Abel se demande si nous aurons le temps de livrer assez d'avions, de ferraille et de bagages avant que la guerre n'éclate. « Vous avez entendu le discours d'Hitler : il exige maintenant d'annexer la Bohême et s'il attaque la Tchécoslovaquie, le conflit deviendra inévitable. »

Jeudi 29 septembre 1938

Pour sa fête, Marie-Louise a promis à Michel de l'emmener voir *Blanche-neige*.

Dans le taxi qui nous conduit au cinéma Impérial, elle explique aux enfants qu'il ne faudra pas avoir peur et que la méchante reine sera punie.

Au feu rouge, le chauffeur se retourne pour demander, en s'excusant, à Marie-Louise si elle ne serait pas, par hasard, originaire du Limousin.

« Mon accent me trahit à ce point ! » réplique-t-elle en souriant.

Le chauffeur lui répond que cet accent, on ne l'oublie jamais et que cela lui fait toujours chaud au cœur d'entendre une compatriote :

« Vous ne savez pas, madame, que quand vous prenez un taxi, vous avez une chance sur trois d'avoir un chauffeur corrézien !

— Mais moi aussi je suis corrézienne ! Et vous, d'où êtes-vous donc ?

— D'Ussac, lui répond le chauffeur.

— Mais rendez-vous compte, Marguerite ! comme le monde est petit... C'est tout à côté de Sainte-Féréole !

— Eh bien ça ! — et le chauffeur la trouve bien bonne — Sainte-Féréole ! Mais j'y ai des cousins, les Dauliac.

— Ceux qui tiennent l'épicerie ?

— Pour sûr ! et le chauffeur dévisage soudain Marie-Louise. Maintenant j'y suis, je me souviens, c'est chez eux que je vous ai rencontrée au mois d'août... vous ne seriez pas la fille Valette ? Celle qui est mariée à cet Abel Chirac qui a si bien réussi à Paris. »

Marie-Louise boit du lait, elle ne peut s'empêcher, en désignant Jacques, de dire au chauffeur que son « petit, lui, c'est un vrai Corrézien qui va bientôt sur ses six ans », ce qui entraîne un inévitable « Mon Dieu, comme il est grand pour son âge ! » qui lui vaudra un bon pourboire.

Les actualités me redonnent un espoir fou : Daladier et Chamberlain ont eu le courage d'aller affronter à Munich le Führer et le Duce ; en admettant le retour légitime au Reich des Sudètes, ils espèrent sauver la paix — « Mon Dieu ! paix sur la terre aux hommes de bonne volonté. »

Pendant l'entracte, Jacky agite les jambes, trépigne, ne tient pas en place ; cet enfant est tellement nerveux qu'il aurait davantage besoin d'un petit sédatif que d'un esquimau.

Je suis atterrée par cette *Blanche-neige* qui, pourtant, fait l'unanimité de la critique : comment peut-on abîmer à ce point un conte aussi charmant !

Les personnages sont horribles de vulgarité : cette pauvre Blanche-neige, au sourire mielleux et au physique de serveuse de café, les petits nains — des gnomes hébétés — et la méchante reine, en sorcière, me paraissent avoir été dérobés dans le magasin d'accessoires du « Grand-Guignol ».

Je ne parle même pas des voix et de la musique ! La pauvre Blanche-neige est affligée d'une voix de chanteuse d'opérette ! Où est la *Schneewittchen* de mon enfance ? Je me souviens encore des gravures des contes de Grimm, qui portaient bien plus au rêve que ce dessin animé qui réduit l'imagination des enfants à un univers affligeant de pacotilles.

Comme Marie-Louise est enchantée par ce film délicieux, je n'insiste pas.

Samedi 1er octobre 1938

Edouard Daladier et Chamberlain sont enfin parvenus à sauver la paix, et je me suis précipitée à la messe de 8 heures pour rendre grâce à Dieu d'avoir exaucé mes prières et celles de tous ceux qui, innombrables, avaient comme moi imploré sa clémence.

Quand, au téléphone, j'essaye de faire partager à Marie-Louise mon enthousiasme et mon soulagement, elle me répond qu'elle s'en contrefiche. Le petit est si atrocement malade qu'il va manquer la rentrée des classes ! Quelle idée a-t-elle eue de l'emmener au cinéma ! C'est sûrement là qu'il a attrapé les microbes qui ont provoqué cette terrible otite !

Je la sens tellement désemparée que je lui propose de faire venir mon oto-rhino, le docteur Amado.

« Mais je vous en supplie, ne tardez pas ! Jacques souffre le martyre ! »

Devant mon insistance, le docteur Amado accepte de passer, vers 11 heures, chez Marie-Louise ; je l'y précède.

En blouse blanche d'infirmière, Marie-Louise m'accueille en me chuchotant de ne pas faire de bruit, le petit a fini par s'endormir.

Tous les rideaux de l'appartement sont tirés et il flotte des odeurs de papier d'Arménie et de lampe Berger ; il lui faut « chasser tous les miasmes ».

Par la porte de sa chambre entrouverte, j'aperçois Jacky, assoupi ; je m'étonne que sa mère l'ait affublé d'un passe-montagne, mais il paraît que c'est pour calmer les douleurs de son oreille !

En relevant une statuette de la Vierge qui, sur la table de chevet, s'était renversée au milieu de petites voitures, Marie-Louise l'implore de hâter la guérison de son fils. Mais point besoin d'intervention miraculeuse, le docteur Amado sort déjà de sa mallette tout son attirail d'oto-rhino.

Quand il se penche sur Jacques pour l'examiner, la lampe cyclopéenne qu'il s'est posée sur le front effraie le petit, qui hurle et se débat au point que je dois le maintenir dans mes bras le temps de lui percer les tympans.

Maintenant que l'intervention est terminée, Marie-Louise cajole Jacky sur ses genoux :

« Mon Dieu ! comme le petit a dû souffrir ! Mais comme il a été courageux ! »

Quand je conduis au salon le docteur Amado pour qu'il rédige son ordonnance, il ne peut s'empêcher de me confier que mon amie est tout à fait charmante mais que ce genre de mère est la crainte de tous les médecins !

Marie-Louise me demande de rester avec elle au chevet du petit malade qui, soulagé, invente dans les plis de son drap des routes imaginaires pour ses petites voitures.

La porte d'entrée claque et j'entends Abel hurler :

« Mais qu'est-ce qui se passe dans cette maison ? Ma parole, on dirait une veillée funèbre ! Marie-Louise, ouvre-moi donc toutes ces fenêtres, il fait un temps superbe ! »

Quand il entre en coup de vent dans la chambre, Marie-Louise sursaute comme quelqu'un pris en faute. J'ai déjà remarqué à plusieurs reprises que, bizarrement, elle s'interposait sans raison entre le père et le fils.

Abel lui reproche de ne pas l'avoir averti que le petit était malade et, tout en se penchant avec tendresse sur Jacky, le pauvre homme doit endurer le récit de cette épouvantable matinée : la souffrance lancinante du petit, ses 38,9 °C, l'affolement de sa mère. Heureusement qu'il y a eu Marguerite, le docteur Amado et cette terrible intervention chirurgicale ; et, bien sûr, tout cela est la faute d'Abel qui, avec sa manie des fenêtres ouvertes, a provoqué un courant d'air fatal ; mais comme il peut être fier d'avoir un petit garçon aussi brave !...

Dans les bras de son père, le petit bonhomme finit de se persuader qu'il a été courageux, d'autant plus que pour le récompenser, il trouvera certainement sous son oreiller un cadeau encore bien plus beau que celui que lui avait apporté la souris, la semaine dernière, pour la perte d'une dent.

Curieuse de savoir ce que pense Abel des accords de Munich, j'accepte volontiers de prendre un verre de porto.

Il est loin de partager mon enthousiasme : pour lui, Daladier et Chamberlain n'ont pas pu sauver la paix, ils n'ont obtenu qu'un répit.

Vendredi 14 octobre 1938

Des nausées abominables me réveillent en pleine nuit. En évitant de réveiller Georges, je me glisse, hors du lit pour aller au petit coin; mes jambes flagellent. Je reste un temps très long prostrée devant la cuvette sans parvenir à vomir; je me sens horriblement avilie.

Mon Dieu, par quoi ai-je pu être empoisonnée? Hier, Adeline nous a servi du foie de veau avec des pommes de terre persillées, et je n'ai rien pris d'autre.

Je me recouche et je suis prise de sueurs froides et de frissons; j'ai toujours ressenti une honte d'être malade, mais au petit matin, je me résous à réveiller Georges. Il pense que j'ai tout simplement attrapé une bonne grippe. Il consent tout de même à aller me préparer une infusion pour faire passer deux comprimés d'Algocratine; je peux à peine toucher à cette tisane, les nausées me reprennent.

Georges commence à s'inquiéter. Il est encore trop tôt pour appeler Martinguet mais, dès 8 heures, avant qu'il ne parte à l'hôpital, il lui demandera de passer me voir. En attendant, que je garde le lit bien au chaud, emmitouflée dans une liseuse de laine. En serrant contre mon ventre la bouillotte qu'il m'a préparée, je connais comme une rémittence et m'endors.

Tout à coup, d'horribles douleurs dans le bas-ventre me réveillent. Luigi, le nouveau valet de chambre, frappe à la porte. Je n'ai engagé Luigi et sa femme Adeline que depuis une semaine, et nous n'avons pas encore pris le temps de bien nous connaître.

« Madame ne se sent pas bien ? » Mais madame se sent si mal qu'elle demande à Luigi d'accompagner Michel au rang de Sainte-Croix et surtout de la laisser en paix !

Avant de partir à l'école, les enfants veulent venir m'embrasser et, malgré des contractions épouvantables, j'arrive à leur sourire, peut-être le dernier sourire de leur mère. Comment puis-je penser, même un court instant, à la mort ?... Non, je m'écoute trop !

Je me souviens tout à coup que j'ai invité pour le thé Jeanne Cordier, Simone Gouffey et Marie-Louise, et je ne veux pas les décommander !

Je parviens à me traîner vers la salle de bains ; l'eau chaude calme mes douleurs et je laisse couler, un long temps, un filet d'eau bouillante.

Je finis par regagner mon lit : les douleurs recommencent, j'ai l'impression que des rats rongent mes entrailles.

Je prie, j'offre mes souffrances au Seigneur, une bien légère offrande par rapport à celles qu'il a subies sur la Croix : « Maintenant et à l'heure de notre mort »... Sainte Vierge Marie, comme je suis mal préparée à l'affronter !

Dimanche 23 octobre 1938

Dans la chambre de la clinique des Dames Augustines, je me réveille indolente mais heureuse, au milieu de fleurs. J'en ai reçu tellement que j'en donne la plupart aux sœurs pour décorer la chapelle du rez-de-chaussée.

Marie-Louise est venue me voir presque chaque jour. Elle me dit en riant : « Eh bien vous ! vous avez une sacrée force de caractère ! Une véritable Prussienne ! Figurez-vous que, pendant le thé, avec vos deux amies nous ne nous sommes aperçues de rien et nous avons été surprises quand vous vous êtes levée brusquement pour disparaître si longtemps que nous ne savions que faire. Après une demi-heure de parlote, je me suis quand même décidée à jeter un œil dans votre chambre : ma pauvre, vous vous tordiez de douleur et mordiez à pleines dents un oreiller pour qu'on ne vous entende pas gémir. J'étais désemparée autant que vos deux amies qui sont venues me rejoindre. Heureusement, votre docteur Martinguet est arrivé et lui, croyez-moi, c'est un médecin ! Il a tout de suite diagnostiqué une appendicite à chaud, vous a fait une piqûre de morphine et hop ! il vous a emmenée sans crier gare à la clinique. »

Elle aurait voulu m'accompagner mais elle avait préféré rester pour assister au dîner des enfants et surtout, en attendant le retour de Georges, les mettre au lit.

Pour qu'ils ne s'inquiètent pas, elle les avait fait jouer et même rire avant de leur faire faire leurs prières.

Merveilleuse Marie-Louise qui me propose de m'emmener pour les vacances de la Toussaint en Corrèze, où il y a un si bon air qu'il me remettra d'aplomb « en moins d'un rien ».

J'ai surtout envie de retrouver mes trois enfants et Georges. Les pauvres, quand ils viennent me voir à la clinique, sauf Michel, ils paraissent tellement mal à l'aise, tellement embarrassés que j'ai hâte de quitter les petites sœurs Augustines.

Jeudi 27 octobre 1938

Le père de Tonquédec est venu me voir, et il m'a fait méditer sur ce verset de l'Evangile selon saint Jean : « Cette maladie n'était pas pour la mort mais pour la gloire de Dieu. »

Depuis cette visite, les sœurs redoublent de petits soins pour moi ! Marie-Louise est venue avec Jacky. Mon Dieu ! quel gentil petit garçon : il porte sur son paletot la croix d'honneur, et il a rougi de plaisir quand la sœur supérieure l'en a complimenté.

Elle m'annonce qu'elle part demain à Sainte-Féréole et,

en m'embrassant, elle m'assure qu'elle n'aurait jamais envisagé de partir si elle n'avait pas eu la certitude que je sois définitivement tirée d'affaire.

Samedi 29 octobre 1938

Satisfait de ma guérison, le chirurgien me rédige sa dernière ordonnance ; en dehors de médicaments anti-inflammatoires et de remontants, il s'agit surtout d'un régime où je dois éviter les féculents, les fruits et les salades, sans parler de la charcuterie.

En enfilant mon tailleur, je réalise à quel point j'ai maigri et, pour accueillir Georges, je me donne bonne mine avec un peu de rouge à joues.

Dans la voiture, Georges me dit qu'il s'est très bien entendu avec Luigi et Adeline.

En arrivant à l'appartement, j'ai l'impression qu'il a changé d'âme. Sans doute Luigi et Adeline, qui ont auparavant servi dans des grandes maisons, ont-ils inconsciemment imposé des usages qui ne conviennent en rien à notre bourgeoisie, et avec leur « mademoiselle Elisabeth », « monsieur Jean-François » et « monsieur Michel », ils intimident tellement les enfants qu'ils en sont devenus tout compassés.

Ma chambre est merveilleusement fleurie et je découvre sur mon lit une somptueuse chemise de nuit du carnaval de Venise et une grande bouteille de « Fleurs de Rocaille » de Caron, mon parfum préféré. Comme j'aurais envie d'appeler Georges, Jo !... mais je me sens trop faible.

Mardi 1er novembre 1938

A Pontoise, où nous avons décidé de passer les vacances de la Toussaint, je retrouve avec soulagement la simplicité de cette brave Henriette, qui me dit avoir fait une neuvaine pour obtenir ma guérison.

Le jardin s'apprête à l'hiver, et les feuilles de vigne vierge, en s'envolant, déshabillent la maison.

Vendredi 4 novembre 1938

La plupart du temps, je m'installe dans le petit salon près de la cheminée, je lis ou fais des parties de domino avec les enfants ; le soir, nous bridgeons avec les Carel, qui sont plus des familiers que de véritables amis comme les Chirac. Si Georges n'est pas là, j'ai, après le dîner, de grandes conversations avec Henriette.

J'ai retrouvé mon piano et, présomptueuse, je m'attaque à *la Sonate en la mineur* de Schubert, mais je bute sans arrêt sur l'allégretto final.

Mercredi 9 novembre 1938

Je viens de finir *Sous le soleil de Satan* ; Georges Bernanos, tout comme Léon Bloy, me fascine. Deux révoltés à l'intérieur de l'Eglise, qui n'hésitent pas à rappeler à l'ordre les clercs incapables de se conduire d'une manière digne de l'Evangile.

A propos de révoltés me revient à l'esprit une discussion sur Rimbaud avec Abel que j'avais oubliée de relater : il ne voit en lui qu'un révolté de génie, un poète du désespoir alors que moi, comme Paul Claudel, je reste persuadée que sa voyance de poète, d'illumination en illumination, l'a conduit inexorablement vers la rédemption.

Lundi 14 novembre 1938

De retour à Neuilly, je suis consternée : plus une robe ni un ensemble qui m'aille.

J'ai envie de me précipiter chez Annie, moins pour lui

commander de nouvelles robes que dans l'espoir qu'elle acceptera de me retoucher celles que j'affectionne mais je me sens encore trop faible.

Marie-Louise ne demande qu'à m'accompagner : elle a pris tellement de forces en Corrèze qu'elle portera volontiers tous les paquets de mes courses.

En bonne commerçante, Annie me félicite pour ma minceur et elle demande à Marie-Louise si la robe qu'elle lui avait coupée l'année dernière avait été remarquée par son mari. Mon amie ne peut nier qu'Abel avait été surpris par son élégance au cours de cette soirée.

Sur les conseils d'Annie, je me laisse tenter par un tailleur prince-de-galles bleu soutenu, avec une coupe très stricte, très anglaise — « C'est plus que jamais l'entente cordiale » — et une robe très simple en jersey beige :

« Avec votre clip de diamant, elle aura un chic fou, et, bien sûr, vous m'amènerez à votre prochain essayage les robes que vous voulez que j'adapte à votre nouvelle silhouette. »

Pendant qu'Annie prend mes nouvelles mesures, Marie-Louise feuillette un classeur de croquis de mode et se lève soudain pour me montrer un croquis de Schiaparelli :

« Marguerite ! je reconnais cette robe, c'est celle que portait Annabella, en compagnie de Tyron Power, dans le reportage qu'a publié *Marie-Claire* !

— Et à vous, elle irait encore mieux », lui assure d'un air faussement détaché Annie, qui imagine déjà la robe coupée dans une faille de soie grenat.

Marie-Louise lui avoue tristement qu'elle n'aura jamais l'occasion de mettre une pareille toilette.

« Vous n'allez tout de même pas me faire croire que votre mari ne vous emmène jamais en soirée ou même à l'Opéra ! » s'étonne Annie. Marie-Louise s'en sort en disant qu'elle réfléchira.

Mais, dans le taxi, je m'aperçois que Marie-Louise réfléchit vraiment. Elle n'a jamais été de sa vie à l'Opéra et :

« Pourquoi, Marguerite, ne suggéreriez-vous pas à Abel d'y aller un soir ensemble avant les fêtes ? »

Il fait un temps sec et froid qui me donne envie de marcher, et je propose à Marie-Louise que nous allions toutes les deux chercher Jacques à la sortie des classes.

Devant l'école communale attendent des femmes en cheveux et quelques petites bonnes, au milieu desquelles Marie-Louise semble très à l'aise. Elle écoute avec toute sa gentillesse une mère inquiète pour son petit garçon qui lui paraît anémié ; elle se demande s'il faut lui faire prendre de l'huile de foie de morue plutôt que de l'hémoglobine Deschien, mais la porte de l'établissement s'ouvre pour un lâcher de petits écoliers, et Jacky est le premier à sauter dans les bras de sa mère.

Pendant son goûter, Marie-Louise sort les cahiers de son cartable et quand elle remarque les corrections en rouge sur son cahier de calcul, elle lui conseille, sévèrement, de s'appliquer un peu plus, sinon, qu'il ne s'attende pas à beaucoup de cadeaux pour son anniversaire qui est maintenant tout proche : le garage qu'il désire, il lui faut le mériter.

Mais ce que veut avant tout Jacky, c'est aller à Luna Park. Son « copain » Philippe lui a dit qu'il y avait un grand-huit gigantesque, un train fantôme effrayant, des montagnes russes fantastiques et des autotamponneuses. Je tente de l'en dissuader en lui vantant le charme de la rivière enchantée du Jardin d'Acclimatation, mais il connaît par cœur ce jardin, et « c'est pour les petits ».

Je renonce alors à lutter contre l'influence de l'école communale. Ce Luna Park est une horreur, et quand je suis obligée de passer devant, boulevard Gouvion Saint-Cyr, je marche aussi vite que si je passais devant une maison close.

Dimanche 27 novembre 1938

Je n'ai trouvé, et encore avec de grandes difficultés, qu'une loge de trois quart pour une représentation de Faust. Je n'aime pas du tout Gounod : sa conception de l'opéra me paraît être à la limite de l'opérette, sans la brillance d'Offenbach, et j'en veux à ses librettistes d'avoir trahi d'une façon éhontée *l'Urfaust* de Goethe : ils sont passés à côté du sens profond de ce drame métaphysique, et je crois que les Français ne pourront en fait jamais comprendre le romantisme allemand. Mais enfin, Marie-Louise avait tellement envie de cette soirée à l'Opéra !

En smoking, Abel a une certaine allure et je comprends qu'il séduise.

Je le laisse avec Georges devant deux Noilly-Prat pour rejoindre Marie-Louise qui finit de se préparer.

Jacky est fasciné par l'élégance de sa mère, qu'il trouve plus belle qu'une fée, et, comme elle finit de se maquiller, il lui demande si elle interroge son miroir.

En riant, Marie-Louise lui dit que les miroirs ne parlent qu'à voix très basse et qu'il n'a pas dû entendre ce que le sien lui avait dit :

« Madame, vous êtes la plus belle ici, mais à deux pas d'ici, Marguerite est mille fois plus belle que vous !

— Ce n'est pas vrai, se met à hurler Jacky en trépignant. Madame Basset n'est pas belle du tout, elle est même tout à fait laide, plus laide qu'une sorcière ! »

Aux cris de son fils, Abel vient entrouvrir la porte :

« Ce n'est rien, Abel ! ce n'est qu'une crise de jalousie de mon soupirant ! »

Pour le calmer, je fais mine de pleurer — « Tu as raison, Jacky : je suis laide, encore plus laide qu'une sorcière, et j'en suis très malheureuse ! » — et Jacky vient m'embrasser pour me consoler.

J'ajoute, quand même, que les sorcières ont le pouvoir de changer les petits garçons coléreux en crapauds.

En montant les escaliers de l'Opéra, Marie-Louise est impressionnée par toute cette somptuosité de marbre et de lustres, et par les toilettes des femmes.

Devant le vestiaire, elle me confie à l'oreille qu'elle a l'impression de tourner dans un film — « Et avec la même robe que celle d'Annabella ! », ne puis-je m'empêcher de lui faire remarquer.

La loge est mieux située que je ne supposais, et Marie-Louise peut à loisir avec ses jumelles observer les spectateurs des fauteuils d'orchestre.

Les lumières s'éteignent, et les derniers toussotements annoncent l'ouverture.

J'ai dû préjuger de mes forces, et j'abandonne dans sa chambre le vieux docteur Faust appelant Méphistophélès pour me laisser aller à une douce somnolence.

Les applaudissements me sortent de la torpeur ; en me réveillant, j'ai l'impression d'être toute chiffonnée, aussi laide qu'une sorcière !

A l'Opéra, la plus grande joie de Georges est incontestablement de boire une coupe de champagne au buffet du foyer en observant tout un monde endimanché de femmes qui minaudent pour livrer, en parlant haut, leurs commentaires sur le spectacle à des messieurs qui plastronnent sans les écouter.

Marie-Louise est encore sous l'émotion de la scène du jardin où Faust enivre cette pauvre Marguerite pour la séduire — « Mais je te préviens que pour cette pauvre Marguerite, cela va finir très mal ! », l'avertit Abel. Marie-Louise lui reproche qu'en lui dévoilant la suite de l'opéra il gâche son plaisir.

Nous avons regagné notre loge et je regarde moins la scène que je n'observe Marie-Louise : elle vit pleinement le spectacle et hoche la tête à la cadence de la musique.

Si au cinquième acte elle me paraît particulièrement émue par le tragique destin de Marguerite éplorée sur son grabat, elle est décontenancée par les fanfares finales qui accompagnent « la fantastique nuit de Walpurgis ».

Georges avait réservé, pour souper, au *Del Monico*, mais il fait si froid que nous nous engouffrons dans *le Café de la Paix* ; il n'y a que la rue Scribe à traverser.

Abel, qui est en gaieté, prend la main de Marie-Louise pour lui chanter à l'oreille : « Laisse-moi contempler ton visage ! Salut oh, mon dernier matin, salut demeure chaste et pur ! »

Dans la voiture, légèrement ivre, il entonnera *Roi de Thulé* : sa mémoire est tout à fait étonnante.

Mardi 20 décembre 1938

C'est notre dernier bridge avant les vacances de Noël.

Abel revient d'un voyage d'affaires en Angleterre avec une mine épanouie de *Christmas*. « Vous n'imaginez pas les préparatifs de Noël à Londres, les décorations, toute cette joie qui s'est emparée des Londoniens, même des enfants qui mendient, une atmosphère de 14 Juillet dans le brouillard et "Vive le vent ! d'hiver". »

Londres le fascine : c'est incontestablement la capitale d'un empire. Cette hégémonie impériale, on ne fait que la ressentir ; elle est pourtant bien là, derrière les façades d'édifices splendides mais, toujours, de dimensions humaines.

Les vitrines des boutiques de Régent Street sont somptueusement discrètes et elles exhibent, sans tape-à-l'œil, un luxe de vêtements, de maroquinerie, d'argenterie, de porcelaine, de toutes sortes de marchandises qui attestent de la grandeur de l'Empire.

Mais ce qui fascine le plus Abel, c'est la façon d'être des Anglais, leur dignité : un portier est convaincu de sa dignité de portier, un garçon de café de celle de serveur, tout comme les banquiers qui l'ont reçu.

Depuis le cireur de chaussures jusqu'à l'homme d'affaires, en passant par le bobbie, ils semblent tous obéir à une sorte de règle du jeu non dite, mais que personne n'ose transgresser.

Ancien joueur de rugby, il se pense être plus à même que beaucoup d'autres de comprendre cette règle, cette mentalité britannique tellement éloignée de notre chienlit gouailleuse — « A propos, pour moi, la grande différence entre les Anglais et nous, c'est que nous avons de la gouaille tandis que les Britanniques ont de l'humour ! »

A l'écoute d'Abel, Georges ne s'aperçoit pas qu'en lui lançant un trèfle j'appelais la couleur, et il laisse Marie-Louise, qui jubile, ramasser tous les plis.

En comptant les points, Abel propose de remettre tous les gains au pot pour constituer une cagnotte.

Après tout ce que vient de dire Abel sur l'Angleterre, je propose d'utiliser cette tirelire pour aller faire un tour à Londres tous les quatre, au printemps.

Georges préférerait à la Pentecôte, Abel est de son avis : « Même si nous jouons régulièrement, il faut donner à cette cagnotte le temps de grossir ! et je crois qu'il faudrait, à partir de maintenant, porter le point à dix sous ! »

Pour qu'Abel envisage un voyage aussi lointain dans le temps, il doit penser que si Daladier n'a pas sauvé la paix, il a certainement obtenu un long répit ; d'ailleurs, Ribbentrop vient de déclarer qu'entre la France et l'Allemagne il n'existait aucun problème vital qui ne puisse se régler amicalement.

Mardi 3 janvier 1939

Quel hiver ! Le thermomètre est descendu jusqu'à moins vingt et, pour les vacances de Noël, je me suis calfeutrée au coin du feu à Pontoise.

Elisabeth a passé les fêtes chez son amie Anne-Marie Lebrun, dont les parents sont de gros agriculteurs en Normandie.

Deux heures par jour, je fais répéter son piano à Jean-François ; il commence à acquérir une véritable technique, et je rêve d'en faire, plus tard, un concertiste.

Pour Michel, c'est une autre histoire. Devant le solfège, il est si buté que je m'énerve au point de lui donner des coups de règle sur les doigts ; il ne m'écoute pas, il n'a envie que de construire un igloo dans le jardin du haut, un igloo qui, bien sûr, ne sera jamais terminé car il n'achève jamais rien.

De retour à Neuilly, dans l'amoncellement de cartes de

vœux auxquelles il me faut répondre, je trouve un mot de l'abbé Bastié, le directeur du petit collège de Michel, qui me propose de passer le voir, à ma convenance, n'importe quel après-midi, à 17 heures. Je me doute que cette convocation a un rapport avec le bulletin trimestriel de Michel qui était si abominable que j'ai failli le priver de cadeaux pour Noël.

L'abbé Bastié est un homme énergique qui, avec ses yeux bleus et sa courte barbiche, me fait penser à un officier de l'armée d'Afrique.

A l'évidence, les résultats scolaires de Michel sont si décevants, et c'est presque un euphémisme, qu'il faut envisager de prendre des mesures.

L'abbé Bastié est persuadé que la classe de huitième, particulièrement au second trimestre, est essentielle pour la formation des enfants; on y abandonne les analyses grammaticales pour les analyses logiques, et le calcul pour l'arithmétique. En bref, on leur inculque des principes de raisonnement qui les préparent à aborder au mieux, dans deux ans, le secondaire.

Incontestablement, l'abbé Bastié trouve Michel intelligent, mais tellement dispersé et rêveur que son professeur, monsieur Négeon, n'arrive pas à en venir à bout.

L'abbé lui reconnaît également de grandes qualités de cœur : il les lui a prouvées en s'occupant avec tellement de gentillesse de ce petit Juif allemand Kurt, qui ne savait pas encore un mot de français quand le collège l'a pris en charge. Là, l'abbé Bastié se laisse aller à un commentaire de l'encyclique de l'année dernière, où le pape condamnait le racisme hitlérien, avant d'en revenir à Michel.

Il m'interroge sur son comportement à la maison, et je dois lui avouer qu'il m'oppose une telle force d'inertie que, moi non plus, je ne peux rien en tirer; même les punitions et les coups sont vains, il n'en fait qu'à sa tête.

Je me sens désagréablement coupable quand l'abbé me demande si je suis avec attention ses devoirs à la maison, car Michel a besoin d'être encadré, et quand il me propose de le mettre demi-pensionnaire et de le laisser à l'étude du soir, j'ai la désagréable impression qu'il constate mon échec de mère.

Quand je parle à Marie-Louise de mon entretien avec l'abbé Bastié, elle trouve qu'il a bien raison et elle est même encore plus dure que lui.

Pour elle, l'éducation d'un petit, c'est appliquer une contrainte sans jamais la relâcher; si elle lâchait un tant soi peu la bride, Jacky serait encore plus indiscipliné que Michel. Les enfants sont des petits fauves qu'il faut savoir dresser. « Et puis, Marguerite, quelquefois je n'arrive pas à vous comprendre ! Avec votre train de maison, vos bonnes œuvres, vos conseils, vos thés avec vos amies, vous n'avez pas une minute à consacrer à votre petit ! Même à la maison, vous passez d'un livre à votre piano, et je me demande si ce n'est pas vous qui êtes dispersée ! Vous vous figurez qu'enfermé dans sa chambre Michel va apprendre de lui-même ses récitations, ou s'appliquer à faire ses devoirs ! »

Elle me blesse au plus profond de moi-même, mais je me crois incapable de son esprit de renoncement que j'admire. En prenant le parti d'être exclusivement mère, elle a su limiter son imaginaire, qui ne va pas au-delà des murs de son appartement, du chemin de sa maison à l'école et des quelques arpents de son village de Féréole.

Sa part de rêve, car il en faut une, elle l'a certainement au travers de son fils, pour lequel elle est très ambitieuse.

Lundi 9 février 1939

Depuis qu'Abel a connu les charmes de la maison de Pontoise, il tient absolument à louer une maison de vacances dans la région; au premier week-end de printemps, il s'ennuie à Paris et le petit a grand besoin d'air.

Marie-Louise veut une maison petite mais confortable, avec juste un bout de jardin, et surtout à proximité d'une gare, pour ne pas se sentir isolée.

On en a signalé une à Abel, à Parmain, et nous prenons

avec Marie-Louise le train à la gare du Nord pour aller la visiter.

J'ai toujours pensé que cette hideuse ceinture industrielle de la banlieue nord protégeait mieux qu'une frontière de l'intrusion des Parisiens le charme provincial du Valois et du Vexin. C'est même saisissant à Pontoise. Il suffit de traverser l'Oise pour quitter la dernière agglomération de banlieue et découvrir une ville noble et provinciale qui semble être à des lieues de Paris.

Un jeune homme de l'agence immobilière nous attend à la gare. Effectivement, la maison est à cinq minutes de marche. Le jeune homme trouve que ce n'est pas un temps idéal pour la visiter, qu'il nous faut imaginer, au début du printemps, l'ombrage de cette avenue et des gazons aussi verts qu'en Angleterre !

Avec la plage qui a été aménagée dans un méandre de l'Oise à l'Isle-Adam, Parmain prend, l'été, des airs de station balnéaire, et à moins de quarante kilomètres de Paris ! Cette plage est d'ailleurs fréquentée, tous les week-ends, par des Parisiens riches. C'est un véritable paradis pour les enfants, et puis il y a des promenades magnifiques dans les forêts de Presles et celle toute proche de Chantilly.

Le bagout du jeune homme insupporte tellement Marie-Louise qu'elle lui dit qu'avec elle il est inutile de faire l'article, et qu'elle n'a besoin de personne pour se décider.

Vexé, le jeune homme nous ouvre sans dire un mot la grille de la maison : c'est un modeste pavillon du début du siècle mais qui, avec son perron et son kiosque au bout du jardin, a son charme. Elle plaît à Marie-Louise, qui s'enquiert surtout de l'orientation des fenêtres.

Pour Jacky, elle veut une chambre qui s'ouvre à l'est, pour qu'il puisse se réveiller plein soleil.

« Une journée commencée avec le soleil est toujours bénéfique. »

Mais ce qui la décide définitivement, c'est quand elle s'aperçoit, à la gare, que par le train qui suit la vallée de l'Oise, elle sera à peine à vingt minutes de Pontoise.

Samedi 4 mars 1939

Quand je suis allée chercher Michel au rang de Sainte-Croix, il était rayonnant en me montrant ses bons points : il a été premier en composition française, deuxième en récitation et cinquième en arithmétique.

D'appliquer les méthodes de l'abbé Bastié et de Marie-Louise commence à porter ses fruits ; bien qu'il soit maintenant astreint à l'étude, je m'efforce en plus, chaque soir, de lui faire réviser ses leçons.

Nous décidons de faire une grande surprise à son père en lui faisant signer, demain, son carnet de notes dont il est si fier.

Georges est rentré de Thionville tard dans la nuit. Il est encore à moitié endormi quand Michel en chemise de nuit vient frapper à la porte de notre chambre pour lui présenter son carnet de notes.

Sa voix claire finit de réveiller son père.

« Regarde, papa, comme j'ai bien travaillé... J'ai de si bonnes notes que Maman veut que ce soit toi qui signes mon carnet ! »

Georges fait mine de regarder le livret, grommelle qu'il est vraiment content et, dans un bâillement, demande à Michel de le poser sur la table, qu'il le lui signera tout à l'heure.

L'élan d'enthousiasme de Michel est coupé net. De présenter son carnet à son père, il en avait sûrement rêvé toute la nuit.

Je suis consternée : comment peut-on décevoir à ce point un enfant ? Pour essayer de se rattraper, Georges soupire qu'il lui donnera une récompense.

Une récompense ! Ce que recherchait Michel, c'était bien plus que cela : c'était avant tout les félicitations exceptionnelles d'un père pour ses efforts exceptionnels.

Il a l'air tellement déçu que je lui fais une place dans le lit pour qu'il ait au moins la satisfaction d'un gros câlin.

Georges s'est rendormi en nous tournant le dos; nos chuchotements sont pleins de fou rire, et Michel est tout joyeux à l'idée que je l'accompagnerai, pour le récompenser de ses bonnes notes, au Rex voir *Robin des bois*.

Quand je le renvoie rejoindre Elisabeth et Jean-François au petit déjeuner, je contemple avec fureur la nuque de Georges.

J'ai horreur des scènes, des cris, des insultes; ma colère est toujours contenue et j'affecte alors un ton calme et modéré. Georges le sait!

« En fait, Georges, tu n'as jamais fait attention à l'éducation de nos enfants! Tu n'es qu'un leurre de père, une image factice avec une moustache et une grosse voix qu'ils craignent de déranger!

« Qu'ils soient propres, bien habillés, qu'ils se tiennent bien à la table et ne disent pas de gros mots, c'est tout ce que tu leur demandes! Tu n'as même pas vu grandir ta fille ni jamais pris le temps d'écouter Jean-François interpréter un morceau de piano, et quand ce pauvre Michel vient te présenter le premier carnet de notes dont il est si fier, tu ne prends même pas la peine de te réveiller! »

Il me regarde avec un air absent — « Parle toujours tu m'intéresses » —, mais là, ça ne se passera pas comme cela.

Depuis que je connais les Chirac, je commence à comprendre non pas ce que c'est que d'élever un enfant mais de l'éduquer, de le préparer à la vie.

Le secret de l'entente des Chirac, c'est d'avoir une même finalité : l'éducation de Jacques.

Le côté mère poule de Marie-Louise est sûrement agaçant, mais l'apparence de sévérité d'Abel le corrige.

Abel, lui, s'efforce de parler d'homme à adulte à ce petit bonhomme de sept ans.

Le jour de son anniversaire, quand Jacky est descendu vert et vomissant du grand-huit de Luna Park, son père s'est contenté de lui dire : « Maintenant, Jacky, que tu as connu la peur, la semaine prochaine, tu vas apprendre à la dominer! »

Abel, lui, ne se contente pas de signer son carnet de notes.

En dehors de sa manie du par cœur que je commence à comprendre maintenant, il essaye d'éveiller l'intelligence de son fils, en s'astreignant à lui lire, par exemple, les contes du lundi puis à les lui faire commenter.

La seule chose qui me dérange chez Abel, c'est l'abominable pessimisme de la finalité de l'éducation de son fils — « Le petit devra affronter un monde de loups et s'il veut survivre, il lui faut apprendre à mordre ! »

Jeudi 16 mars 1939

Marie-Louise me demande au téléphone « un grand service » ; comme elle me l'avait dit la semaine dernière, les Potez donnent une grande soirée avenue Foch et elle doit y accompagner Abel.

Quelle bonne idée a-t-elle eue de commander sa dernière robe chez Annie. Elle servira pour l'occasion ! Mais il y a plus grave. Sa bonne a la grippe, et, pire encore, son coiffeur n'a de libre que le lendemain à 16 heures, et, « pour ce genre de soirée, vous devez imaginer que je tiens à être pimpante ». Pimpante ! encore l'un de ses mots qui me fait sourire.

En fait, elle me demande d'aller chercher Jacky à l'école et de le garder pour la nuit.

Pour elle, c'est un véritable arrache-cœur. Le pauvre petit, c'est la première fois qu'il va dormir loin de sa mère.

Il ne faut surtout pas lui changer ses habitudes. J'écoute une kyrielle de recommandations ; elle compte me déposer demain « ses petites affaires ». Je lui dis que c'est inutile : je lui mettrai une chemise de nuit de Michel.

« Non, il est habitué au pyjama.

— J'en ai aussi.

— ... et sa brosse à dents ?

— Je lui en achèterai une.

— Mais surtout une Gibbs et du dentifrice Vademecum ! »

Elle me prévient que le matin il ne supporte que le phoscao !

« Mais j'y pense, il aura besoin d'affaires propres pour se changer ! »

Là, je commence à rire :

« Pour une fois, il remettra les siennes. »

Vraiment, il n'y a qu'à moi qu'elle pouvait accepter de confier Jacky et, en me remerciant que je lui rende cet énorme service, elle me répète que je suis la seule en qui elle puisse avoir confiance.

Vendredi 17 mars 1939

Avec Adeline, j'ai l'habitude de préparer les menus de la semaine chaque lundi ; quand je lui explique que les enfants ont un invité, le petit Chirac, et qu'il lui faut changer celui de ce soir pour, suivant les recommandations de Marie-Louise, une soupe de légumes bien épaisse accompagnée de filets de sole et de pommes de terre frites, elle me regarde étonnée, comme meurtrie dans son orgueil de cuisinière.

A cinq jours du printemps, la neige s'est mise à tomber, et maintenant, c'est une véritable tempête. Je demande à Luigi d'aller chercher Michel aux rangs et j'enfile des *snow-boots*.

Je suis de très mauvaise humeur quand j'arrive devant l'école communale ; j'ai la goutte au nez et j'ai oublié de prendre un mouchoir.

Jacky cherche vainement les yeux de sa mère et est tout à fait désappointé que, pour un soir, je la remplace.

Je l'emmène à la boulangerie pour aller acheter un chausson aux pommes tiède comme fait sa mère chaque jour, mais il exige une religieuse au chocolat.

Il continue de neiger, je lui prends la main pour suivre l'avenue du Roule. Il s'échappe pour courir vers la rue de Chézy en hurlant : « Je veux aller chez moi, c'est par là ! » Pour le rattraper, je manque de glisser sous le regard de femmes qui me prennent pour la mère d'un enfant insupportable.

Quand, pour l'apaiser, je le prends contre moi, le couvre de baisers en lui confiant que Michel se fait une fête de l'avoir à dîner à la maison et que sa maman viendra le chercher, il m'échappe des bras pour se coucher sur le dos en gigotant et en hurlant.

Devant l'attroupement, je ne peux m'empêcher de lui assener une claque sur les cuisses dont je regrette la violence mais qui le calme : tout en répétant qu'il ne m'aime pas, qu'il me trouve laide et qu'il racontera à sa mère que je l'ai battu, il finit par accepter de me suivre.

En rentrant à la maison, je m'aperçois que ses affaires sont trempées et je décide de lui donner un bain avant de le mettre en pyjama ; c'est un enfant tellement nerveux que je renonce à le laver. Quand je le savonne, il réagit comme si je le chatouillais avec des rires spasmodiques, et pour qu'il se calme, je le laisse jouer dans la baignoire avec deux petits bateaux de Michel.

Michel justement vient d'arriver, et je l'envoie rejoindre Jacky au bain : contrairement à mon attente, ils se mettent à jouer ensemble et à éclabousser en riant toute la salle de bains, mais au moins, j'ai la paix. Pas pour longtemps. Marie-Louise m'appelle ; elle est tellement inquiète pour le petit qu'elle veut lui parler au téléphone, ce dont je la dissuade :

« Marie-Louise, il vient à peine de commencer à vous oublier !

— Comment ? m'oublier ! moi, sa mère !

— Mais non, Marie-Louise, je veux simplement dire qu'il commence à peine à s'habituer à la maison ! »

Elle ajoute que, pendant cette soirée, elle va être obligée de faire contre mauvaise fortune bon cœur, que c'est horrible d'être séparée pour la première fois du petit mais qu'elle est très contente, son coiffeur lui a réussi une coiffure à la Nita Raya qui surprendra Abel.

Le dîner se passe plutôt bien. Jacky est intimidé par la solennité de Luigi. Et encore, je suis arrivée, non sans mal, à lui faire supprimer ses gants blancs pour le service ; et puis

Elisabeth joue à merveille les grandes sœurs avec notre petit invité.

Pour corriger la simplicité de ce dîner, Adeline a tenu à leur préparer des îles flottantes et Luigi regarde, surpris, Jacques boire à même la coupe de cristal, comme une soupe, sa crème à la vanille, le nez plein de blanc en neige.

Avant d'aller les coucher, j'essaie comme Abel de leur lire un livre. Au hasard, j'ai pris dans la bibliothèque des enfants un livre de contes et légendes scandinaves, mais ni Odin, ni le Walhalla ne les intéressent ni ne leur arrachent le moindre commentaire ; j'avoue que cela me rase également un peu.

Ils n'ont qu'une envie, c'est de faire une partie de billard Nicolas — « Un quart d'heure, mais pas plus. »

En entendant leurs fous rires, je laisse le quart d'heure devenir une demi-heure, et quand je les fais s'agenouiller pour la prière au pied du lit de Michel, j'espère que Notre Père est resté aux cieux car c'est encore dans l'hilarité qu'il est récité.

Chacun dans leur lit, je les borde et, quand je leur fais un baiser, Jacky me déclare qu'il ne dira pas à sa mère que je l'ai battu.

Avant d'aller me coucher, j'entrouvre la porte : Jacky s'est glissé dans le lit de Michel et ils dorment, angéliques, côte à côte. J'aimerais que Marie-Louise voie comment son fils a supporté cette horrible séparation.

Mercredi 5 avril 1939

Le répit des accords de Munich aura été de bien courte durée ; depuis que les Allemands ont occupé la Tchécoslovaquie, la psychose de guerre s'est à nouveau déchaînée, et pour oublier cette hantise, j'ai décidé d'abandonner l'Alpe d'Huez pour emmener les enfants à Müren, dans l'Oberland suisse. Après son divorce, ma mère m'y avait emmenée le temps d'une saison, en 1910.

Dans mes souvenirs de petite fille, Müren était resté un endroit féérique ; il l'est demeuré.

Accessible uniquement par un funiculaire qui remonte un à-pic vertigineux, on a la surprise de découvrir tout d'un coup, comme un décor d'opéra, une illusion de ville à l'architecture allemande compliquée du début du siècle, et des balustrades romantiques qui protègent du précipice.

Müren à l'époque était orgueilleuse d'y avoir vu séjourner à plusieurs reprises le Kaiser.

Les chambres de l'*Hôtel Edelweiss* — je crois qu'il y en a un dans toutes les stations des Alpes —, sont majestueuses, mais leurs salles de bains sont minuscules, malcommodes, comme honteuses de la nudité des corps qui s'y dévoilent.

J'avais oublié que les Suisses sont encore plus épouvantablement sales que les Français mais je peux rester des heures à contempler, au-delà de mon balcon, la Jüngfrau.

Les Suisses ont toujours autant de mal à se sortir de leur dialecte, et il m'est très difficile de les comprendre. Les enfants aussi ont du mal ; heureusement, je leur ai trouvé un moniteur valaisan.

Après le dîner, comme dans la plupart des hôtels de montagne, se produisent dans le salon un laborieux prestidigitateur, un trio qui yodle des chansons folkloriques, ou encore une pianiste qui interprète, sans âme, d'inévitables valses de Chopin.

C'est dans ces salons que naissent des amitiés, qui dureront le temps d'une saison.

Pour des Suisses, Richard et Gertrud Sieg sont surprenants d'aisance, et je ne suis pas étonnée quand Gertrud me confie que son mari est diplomate en poste en Amérique du Sud. Elle a deux petits garçons, à peu près du même âge que les miens, et est ravie que Thuri et Dolfi puissent entretenir leur français en jouant avec Michel et Jean-François.

Le soir, nous parlons musique et littérature : pour la qualité de sa langue et son esprit visionnaire, ils ont été impressionnés par *les Falaises de marbre* d'Ernst Jünger, mais surtout, ils ont une admiration éperdue pour Romain Rolland : ils ont lu les dix volumes de *Jean-Christophe*, et je n'ose leur avouer que j'ai abandonné au quatrième.

Dans son enthousiasme pour Gustav Mahler, qu'elle veut me faire partager, Gertrud s'installe devant le piano du salon, mais il est tellement désaccordé qu'elle renonce après trois mesures.

Mardi 11 avril 1939

Richard a été convoqué au ministère des Affaires extérieures, à Berne. En me l'annonçant, Gertrud me dit que leur retour à Buenos Aires est sans cesse différé et que, en attendant, elle profite pleinement de Müren.

C'est une skieuse émérite et je ne veux pas l'encombrer de ma maladresse. Je lui confie Elisabeth, qui a le niveau d'un chamois d'argent, et j'accompagne les quatre garçons sur des pentes plus à ma portée.

Jeudi 13 avril 1939

Nous prenons le thé quand Richard revient avec un visage si préoccupé que Gertrud pense qu'il a des ennuis dans sa carrière.

« Gertrud, c'est beaucoup plus grave, dit-il avec une voix sourde pour ne pas être entendu des autres tables : le gouvernement fédéral est maintenant persuadé que si les Anglais et les Français n'arrivent pas à conclure un pacte avec les Soviétiques, la guerre va éclater d'un moment à l'autre ! On vient de me remettre les consignes à observer en cas de conflit et, croyez-moi, aucun pays n'y échappera ! Pas même le nôtre, même si notre major général, le colonel Guisant, essaye désespérément de transformer la confédération en une forteresse imprenable. Marguerite ! même Romain Rolland ne pourrait arriver à se placer "au-dessus de la mêlée", et nous, Gertrud, nous pouvons remercier le Seigneur de nous envoyer en Argentine si loin de cette Europe qui va connaître la désolation ! En comparaison d'Adolf Hitler, le général Diaz me paraît avoir une figure humaine presque sympathique !... Nous embarquons le 26 à la Spezia et le temps de préparer tous nos bagages, nous allons devoir nous quitter dès demain pour, je pense, malheureusement très longtemps. »

Mon Dieu, quand donc se réalisera la profession d'Esaï : « Aucune nation ne lèvera l'épée contre une autre et l'on n'apprendra plus la guerre » ?

Lundi 29 mai 1939

La cagnotte de bridge a grossi en vain : dans ce contexte de guerre, des avions doivent se fabriquer, les ferrailles de Georges se fondre pour se transformer en canon, et, au lieu d'un week-end à Londres, nous devons nous contenter pour le lundi de la Pentecôte d'une friture de goujons à l'*Auberge du Chou.*

C'est une guinguette, à la sortie de Pontoise, sur la route de Parmain, qu'affectionne l'enfant de la Bastille qu'est demeuré parfois Georges.

Pour Jacky, j'ai tenu à ce que Michel nous accompagne.

Georges et Abel, en bras de chemise, jouent avec un plaisir non dissimulé « aux congés payés », en lançant des plaisanteries qui ne font rire qu'eux, et en taquinant la soubrette.

Pour les enfants, le troisième trimestre est toujours le temps des billes... Jacques et Michel organisent une poursuite dans les jardins jonchés de capsules de bouteilles de bière. Marie-Louise est effrayée à l'idée qu'ils puissent se couper. D'ailleurs, elle trouve l'auberge sale, et la toile cirée toute collante des tables ne peut qu'attirer des moustiques qui ne vont pas tarder à dévorer les pauvres garçons.

C'est dimanche. Il y a là un orchestre qui avec son accordéoniste commence à faire danser tout un petit peuple endimanché : militaires, jeunes gens gominés, filles, fières de leurs vingt ans et de leur robe en rayonne imprimée.

Légèrement éméchés, Abel et Georges commentent, détaillent les danseurs comme s'ils assistaient à un spectacle des Folies-Bergère.

Dans la perspective d'un pourboire généreux, la soubrette moulée dans sa robe noire de service bat des yeux, s'esclaffe aux remarques de ces messieurs ; j'éprouve un sentiment de gêne : nos deux quadragénaires nantis me semblent insulter la joie simple de ces danseurs qui, dans le tourbillon d'une valse, essayent d'oublier les soucis d'un quotidien de bureau ou d'usine.

La grande sensibilité de Marie-Louise rejoint ma gêne, et elle décide que nos maris ont assez bu et qu'il est temps de partir.

« Pas avant que vous ne m'ayez accordé une danse » lui dit Georges.

Marie-Louise est une vraie fille de la Corrèze ; conduite par Georges, elle valse dans un sens, dans l'autre, avec le même sourire de contentement qu'elle devait avoir jeune fille, au bal de Sainte-Féréole.

J'ai à peine le temps de parler à Abel de mes amis Sieg — Richard et Gertrud doivent être maintenant parvenus à Buenos Aires — qu'il s'aperçoit de la disparition des enfants.

Pour éviter une crise de nerfs à Marie-Louise, nous la laissons sur la piste de danse et nous nous mettons à leur recherche : ils ne sont ni dans le jardin, ni dans la salle à manger, ni dans les dépendances où des poules picorent devant une rangée de clapiers.

Sans oser nous le dire, nous partageons la même angoisse : qu'en jouant sur un ponton de pêcheur ils soient tombés à l'eau, et nous suivons le petit chemin qui borde l'Oise.

Quand je les aperçois dissimulés derrière une haie, je libère mon angoisse en giflant Michel. Abel, en pinçant le cartilage du cou de Jacky, lui fait beaucoup plus mal.

« Et maintenant, expliquez-vous ! »

Entre deux sanglots, Michel me dit qu'il voulait rattraper le lapin et, en gémissant, Jacky précise qu'ils avaient ouvert un clapier pour caresser l'animal qui s'était enfui.

Abel est furieux, non pas qu'ils aient fait une bêtise, c'est de leur âge, mais qu'ils se soient laissé entraîner.

« Même à l'école, Jacky se fait influencer par ses camarades, il n'est même pas capable d'avoir l'initiative de ses bêtises !

— Mais Abel, Jacky est encore un bébé. Il n'a que six ans et demi, et tout cela est de la faute de Michel !

— Marguerite, c'est dès le premier âge qu'apparaissent les défauts de caractère d'un enfant, et un père doit y être attentif pour pouvoir les corriger ! »

En nous apercevant, Marie-Louise, affolée par notre disparition, prend Jacques dans ses bras pour le consoler et le dorloter, et devant la marque de son cou, elle reproche à Abel : « Tu n'as pas le droit de faire aussi mal à un enfant ! »

Après cette peur, je leur propose de retrouver le calme de la maison pour y jouer au bridge, et de leur improviser un en-cas avant de regagner Paris.

En punition, les enfants auront droit à une demi-heure de piquet, devant le vieux tilleul, à l'entrée du jardin.

Vendredi 9 juin 1939

Nous prenons le thé avec Marie-Louise et Alice Vasseur. A chaque fois qu'Alice vient à la maison, Luigi est toujours heureux d'échanger quelques mots en italien avec une compatriote.

Elle revient d'Italie et porte une légère robe de soie imprimée de motifs floraux qui me rappellent Matisse. Marie-Louise s'extasie.

En riant, avec son léger accent aussi gai que sa robe, elle nous dit qu'elle a profité de son dernier séjour à Milan pour dévaliser les boutiques de la Via Monténapoléone

Si elle est allée en Italie, c'est pour se faire établir suivant les recommandations de son mari des passeports pour elle et ses deux filles, Liliane et Maryse.

« C'est totalement illégal, mais par ces temps troublés, Pierre pense que deux nationalités valent mieux qu'une, mais chut ! » ajoute-t-elle, en portant l'index à sa bouche quand Luigi apporte son plateau.

« Celui-ci est sûrement Piémontais ? » me demande-t-elle.

Comme j'acquiesce, elle me cite un dicton italien : « Faux et courtois comme un Piémontais », pour ajouter que ses gens-là sont très bien pour le service !

Toujours aussi enjouée, elle me raconte ses impressions de son voyage.

Depuis que le petit roi Victor-Emmanuel a rajouté à sa couronne celle d'Abyssinie et celle d'Albanie, Mussolini fait entonner à son peuple des airs guerriers, aussi menaçants pour le monde que des marches de Verdi !

Tout cela est si peu sérieux que les femmes dans la rue se gaussent des attitudes martiales qu'affectent de prendre en public les Chemises noires.

Dieu merci, l'Italie n'est pas l'Allemagne et notre esprit latin nous sauvera de toute cette perversion fasciste qu'essaie d'instaurer Mussolini.

Elle a passé de merveilleuses fêtes de Pentecôte dans la propriété d'amis à Florence. Pour nous dire qu'on est très loin des délires hitlériens, elle précise que ses amis sont des Juifs qui se sentent tellement en sécurité qu'ils ont accueilli chez eux des cousins autrichiens qui sont parvenus à s'échapper après l'Anschluss.

Pour les Italiens, ce problème juif paraît incroyable ! Depuis bien avant le christianisme, il y a toujours eu des Juifs dans la péninsule, et ils se sont tellement bien incorporés que personne ne les distinguerait, contrairement aux Juifs de l'Europe centrale qui, en France, agacent par leurs côtés parvenus qui les font détester ; et puis, en Italie, ils sont protégés par le Vatican.

Liliane, sa fille aînée, qui a l'âge d'Elisabeth, est devenue une vraie jeune fille, me dit-elle en me montrant une photo d'elle dans la campagne florentine. Elle se sent beaucoup plus italienne que sa sœur Maryse — qui est tellement câline avec son père qu'elle en est presque jalouse.

Comme elle regrette de ne pas avoir de garçons... les filles, c'est tout pour leur père !

« Mais les garçons, c'est une autre histoire, il faut savoir les dresser ! »

Et voilà ! Marie-Louise lancée sur le petit, elle est intarissable.

« Ce petit lui en fera voir de toutes les couleurs ! » ; et elle raconte l'histoire du lapin de la guinguette, s'attendrit aux souvenirs de fleurs que Jacky lui avait cueillies en Corrèze, raconte sa manie lorsqu'il s'ébat de courir jusqu'à en perdre haleine et de revenir tout en sueur ! D'ailleurs, elle lui impose, été comme hiver, un gilet de flanelle !

« Vous êtes pire que les mères italiennes qui élèvent leur "bambin roi" entre baisers et gifles, se moque Alice.

— Mon Jacky, je vous garantis qu'il reçoit plus de baisers que de coups inutiles ; quand il fait une bêtise, il me suffit de le menacer de le dire à son père pour qu'il se calme !

— Tout comme en Italie : le papa, seigneur et maître ! »

Alice apprécie et combien ! son bonheur de vivre en France et d'avoir épousé Pierre qui l'a sauvée de cette atmosphère étouffante des familles italiennes.

Ces derniers temps, la vie à Paris lui paraît quand même bien morose. Les événements ont cassé la vie musicale, et l'on n'est pas près de réentendre interpréter d'une façon aussi magistrale *la Sixième Symphonie* de Beethoven, dirigée par Willhem Furtwangler au concert où Pierre et elle m'avaient emmenée, l'hiver dernier, à la salle Pleyel.

« Pour les Français, se moque-t-elle, maintenant il n'y a plus d'Allemands, rien que des Boches ! »

S'apercevant du manque d'inclination pour la musique de Marie-Louise, elle nous conseille de demander à nos maris de nous emmener au cabaret d'Agnès Capri, rue Molière ; Pierre et elle y ont passé la soirée d'hier avec des amis américains, c'est vraiment extraordinaire, mieux que *le Bœuf sur le Toit* de la grande époque !

Vendredi 16 juin 1939

Très cérémonieusement, Luigi vient me donner son congé, il lui faut retourner au Piémont dès la fin du mois.

Quand il me dit mielleusement qu'Adeline et lui regretteront toujours leur place, que madame a été si bonne avec eux, je me doute, tout en pensant au dicton que m'avait cité Alice Vasseur, qu'il guigne un certificat particulièrement élogieux.

Je le lui écris avec plaisir, je n'ai rien à leur reprocher, mais avec leurs manières de domestiques de grande maison, ils n'ont jamais réussi à s'intégrer à la famille, et je les laisse partir bien volontiers.

Quand j'annonce leur départ à Marie-Louise, elle pousse un soupir de soulagement.

« Je ne sais pas comment vous avez pu les supporter aussi longtemps ! Avec ces deux-là, vous me donniez toujours l'impression de ne pas être chez vous ! Vous seriez bien plus tranquille avec tout simplement une petite bonne que vous feriez aider par une femme de ménage et une repasseuse. »

Tout compte fait, elle doit avoir raison, et puis nous nous installons le mois prochain à Pontoise. J'aurai tout l'été pour penser à régler mes problèmes de domestiques.

Vendredi 14 Juillet 1939

Les fêtes du 14 Juillet m'ont toujours horripilée, et cette année encore plus que jamais ! J'en veux à cette République française qui, en inventant l'idée de patrie, a engendré des milliers de morts; cette entité laïque m'a toujours semblé être un avatar du Baal de la Bible qui exigeait l'holocauste des jeunes gens.

Ses grands prêtres les plus radicaux, comme Georges Clémenceau, en anéantissant le Kaiser et l'empereur d'Autriche, me paraissent de plus en plus responsables de cette désolation en Allemagne et en Europe centrale, qui a suscité cet épouvantable Adolf Hitler.

Quelques fois, je me suis amusée à taquiner Marie-Louise à propos de son nationalisme : fille d'instituteur, elle est née patriote et républicaine, et j'essaie d'imaginer son Panthéon personnel, où doivent se croiser étrangement la Sainte Vierge, des saints protecteurs, des conventionnels et Jules Grévy.

Un jour que je l'avais particulièrement énervée, comme elle n'est pas sotte, elle me surpris en me répondant : « Et pourquoi donc le pape aurait-il canonisé Jeanne d'Arc ? » ; une interrogation qui, je l'avoue, a réveillé mes lointaines origines protestantes.

Comme tous les étés, Marie-Louise a retrouvé sa chère Corrèze ; son fils est tellement nerveux qu'il a besoin certainement de retrouver le calme de son village et l'équilibre qui lui manque à Paris.

Mardi 15 août 1939

Je n'ai passé que quinze jours à l'Ermitage, à la Baule.

Cette immense plage est un paradis pour les enfants, et j'ai inscrit Elisabeth et Jean-François à un club junior de tennis, et Michel à un club de plage pour les petits. Moi, je m'y suis ennuyée. Décidément, je n'ai aucun goût pour les bains de mer.

Georges, qui est en affaires avec les chantiers navals de Saint-Nazaire, en profite pour venir me chercher ; j'ai hâte de retrouver la maison de Pontoise et surtout son jardin.

Après le Mans, Georges a la plus grande peine à remonter un convoi militaire. Il me dit que les routes, avec tous ces mouvements de troupes, sont devenues impraticables. La semaine dernière, il s'est trouvé bloqué pendant presque une demi-journée sur la route de Metz.

Jeudi 31 août 1939

Marie-Louise m'appelle d'une cabine téléphonique, en Corrèze. Elle est désolée que nous ne puissions nous retrouver le 3 septembre prochain comme nous avions convenu. Abel lui a demandé de rester en Corrèze en attendant qu'évoluent les événements. Il paraît qu'on parle même de mobilisation générale.

La communication est difficile et je sens que sa voix est angoissée ; rien de plus contagieux que l'angoisse.

Georges est en Lorraine et je me sens horriblement seule.

Un long moment j'hésite à appeler tante Anna, à Runderoth. L'opératrice m'annonce pour l'Allemagne une attente indéterminée, ce qui me laisse présager le pire.

« Christ, Agneau de Dieu qui efface les péchés du monde, accorde-nous la paix ! »

Se passent deux heures interminables, le déjeuner des enfants, et j'attends la fin de leur digestion pour les envoyer à la baignade au bord de l'Oise.

Je me mets à mon piano pour jouer *Que ma joie demeure* ; de toutes les chorales de Bach, c'est pour moi la plus apaisante.

Ce n'est que passé cinq heures que la communication peut être établie. Un « *Heil Hitler* » me heurte ; « *Wer Ist Am Apparat ?* » Je suis tellement surprise que j'en bredouille.

Tante Anna finit par me répondre en français ; après m'avoir demandé des nouvelles des enfants, elle coupe toutes mes questions par des propos absurdes, au point que je me demande si elle n'est pas devenue folle pour me raconter qu'avec ce temps ensoleillé il faut s'attendre, en Rhénanie, à des vendanges précoces mais que malheureusement les grandes chaleurs de fin de saison annoncent toujours un hiver extrêmement rigoureux !

Cet « hiver extrêmement rigoureux » me donne l'illumination : cette pauvre tante Anna craint certainement d'être écoutée par la Gestapo.

Avant de les coucher, je fais prier avec Henriette les enfants pour la paix : « Mais, Seigneur, qu'avons-nous fait pour provoquer votre courroux ? »

Dimanche 3 septembre 1939

Les Vasseur ont accepté de remplacer les Chirac, et avec les Carel, j'ai invité les Mitchell. Georgie Mitchell est un Ecossais égaré en France, qui sera toute sa vie fâché avec les genres. Après vingt ans de mariage avec Madeleine, il continue à dire « un petite table » et « une fauteuil » mais, avec un flegme tout britannique, il accepte que nous le chinions pour ses fautes de français.

Madeleine l'a connu lorsqu'elle était infirmière de la Croix-Rouge pendant la dernière guerre, où il a été gravement blessé.

La respiration difficile de ce grand gazé de Charles Carel et, bien qu'elle ait été refaite, la gueule cassée de Georgie me semblent plus que jamais témoigner des horreurs de la guerre.

Il fait chaud, j'ai installé les tables de bridge dans le jardin et Georges n'arrête pas de déboucher bouteille sur bouteille de champagne.

Tous les hommes sont éméchés : Charles Carel « poussifle » à un rythme de plus en plus accéléré, Georgie essaye en vain de réprimer un hoquet, Pierre Vasseur fredonne comme un disque rayé l'air de Papageno, *« Stets Lustig, Heitza, Hopsasa! »*, et Georges fait le joli cœur pour Alice Vasseur.

Quand, tout à coup, retentit le tocsin.

Je crois que c'est Charles Carel qui s'est levé le premier, mais maintenant tout le monde est debout et écoute sans un mot ce branle insupportable qui me fait frissonner.

Les yeux mouillés de larmes, nous nous échangeons des baisers comme après un enterrement.

La conversation reprend peu à peu ; les hommes racontent

des histoires dérisoires de leur dernière guerre qui n'aura servi à rien, et je ressens le sentiment bizarre qu'ils attendaient tous avec une telle angoisse, comme une fatalité, cette guerre que, maintenant qu'elle est déclarée, ils en éprouvent une sorte de soulagement.

Ayant vécu dans la crainte de cette guerre, ils vont vivre maintenant dans l'espoir d'une victoire miraculeuse.

Je n'ai jamais aimé la T.S.F. Les Carel et les Mitchell le regrettent. Ils nous quittent pour aller écouter les dernières informations sur leur poste de radio, et ils nous laissent seuls avec les Vasseur.

Pierre Vasseur me rappelle que la dernière fois que nous étions allés à ce fameux concert de Furtwangler, à la salle Pleyel, ils y avaient interprété cette suite de Richard Strauss, *la Mort et la transfiguration*, qui lui paraîtrait, avec son final glorieux, assez adapté à cette soirée.

Peu à peu, pendant le dîner — le dîner ! un pâté en croûte et une salade... —, Pierre et Georges commencent à s'installer dans la guerre; comme Georges l'avait prévu, nous allons nous organiser pour vivre avec les enfants à Pontoise, et Pierre pense que pour Alice le mieux serait qu'elle rejoigne ses cousins à New York.

Elle ne peut envisager une telle séparation, mais Pierre pense qu'avec les moyens techniques d'aujourd'hui la guerre sera très courte, mais horriblement dévastatrice. Alors qu'Alice l'accepte : il ne demande qu'une chose à Dieu, qu'il la protège, avec leurs deux filles.

Dimanche 10 septembre 1939

Devant la maison, sur le bas-côté de la place Saint-Louis, l'armée a improvisé un garage où des messieurs viennent conduire leur voiture à la réquisition; ils regardent tristement des soldats goguenards badigeonner des numéros d'immatriculation militaire sur le capot de voitures qui faisaient leur orgueil.

Cet amoncellement de voitures de toutes marques, de motocyclettes, ressemble à un caravansérail de gitans.

Abel s'est invité à la maison. J'en suis ravie car je n'ai aucun moyen de joindre Marie-Louise.

Quand il sonne à la grille, il me dit rieur qu'il espère que ses imbéciles ne vont pas confisquer sa voiture.

« De véritables imbéciles : ils se sont mis à réquisitionner les voitures comme avant des chevaux et des mulets, sans se rendre compte que pour faire rouler des voitures, il faut des pièces de rechange et toute une maintenance ! »

Avec Georges, ils s'échangent des tapes dans le dos mais leur gaieté n'est qu'affectée.

Enfin, Marie-Louise et Jacques reviennent la semaine prochaine pour s'installer à Parmain : depuis les alertes de lundi dernier, Abel craint plus que jamais un bombardement.

Georges lui montre avec une certaine fierté des travaux d'étaiement dans la cave ; un souterrain médiéval qui, sous le jardin du haut, est en extérieur de la maison. Il y a même disposé des chaises, des couvertures et des torches électriques.

Puis il lui fait voir le cellier, qu'il a transformé en cave à charbon : de quoi se chauffer pendant trois hivers ; et il propose à Abel de lui faire livrer un camion de charbon à Parmain, une marchandise qui, avant même les restrictions, est déjà pratiquement introuvable.

Pendant le déjeuner, Abel me rappelle que son régiment a été envoyé après l'armistice en Pologne et qu'il a été témoin du courage des miliciens polonais qui ont réussi à mettre en difficulté les troupes allemandes ; et il est persuadé que l'avance des Allemands va finalement se briser contre la bravoure polonaise et laissera le temps à Gamelin de mieux se préparer.

Après avoir évoqué ses années de guerre, surtout celles horribles, en Pologne, où il a connu la faim, Abel retrouve les souvenirs heureux de sa démobilisation, son retour en Corrèze, sa rencontre avec Marie-Louise qui lui a réappris à vivre. Il se sent tellement corrézien qu'à l'évidence il ne pouvait qu'épouser une Corrézienne !

A tout prix il veut inculquer à Jacky cette appartenance à ce coin de terre qui n'est peut-être pas très beau, voire rude et misérable, mais qui a vu naître des générations de Chirac et Valette, gens durs au travail, avec des joies si simples qu'on ne peut même plus les imaginer à Paris.

Aucune école ne pourra inculquer à son fils ces valeurs de labeur et de fraternité, dont Jacky se pénètre inconsciemment à chacun de ses séjours à Sainte-Féréole.

Dimanche 17 septembre 1939

Pour nos retrouvailles, je m'attendais à une fête, mais Marie-Louise est à cran et quand elle est à cran, Jacky pleurniche et Abel ne desserre pas les dents.

Depuis son retour, tout lui est tombé dessus : l'installation dans la maison de Parmain, trouver une femme de ménage, inscrire Jacky à l'école et, le pire, Abel n'a pas pensé à lui faire installer le téléphone.

Elle-même est allée au P.T.T., mais ils ne savent répondre que : « Depuis la mobilisation générale, tout est désorganisé. » Elle s'en fiche, si Abel ne lui trouve pas moyen de lui faire brancher le téléphone, bombardement ou pas, elle revient s'installer avec Jacky dans l'appartement de Neuilly.

Elle ne se calme que devant la tarte aux abricots.

Nous passons au jardin où Elisabeth, allongée dans un transat, nous a précédés ; mademoiselle consent à abandonner son *Jalna* pour m'aider à servir le café.

Abel s'amuse à la taquiner ; encore toute bronzée de ses vacances à la Baule, en polo et avec sa jupe plissée, Elisabeth est au mieux d'elle-même.

« J'ignorais que tu étais une championne de tennis. »

Elisabeth hausse les épaules avec un mouvement plein de coquetterie. Mon Dieu ! dire qu'elle rentre en seconde cette année !

Michel et Jacky viennent débouler du jardin du haut en hurlant : « Nous voulons aller à la Septembre ! »

J'explique à Marie-Louise que la Septembre est la fête foraine qui a lieu chaque année sur la place du Parc aux Charrettes : « Ça, il n'en est pas question ! »

A voir le regard courroucé de Marie-Louise, Michel se calme tandis que Jacky hurle de plus en plus fort. La gifle que lui donne sa mère nous laisse tous interdits.

Je proteste que c'est encore Michel qui lui a mis cette idée dans la tête et envoie mon fils au piquet pour prendre Jacky sur mes genoux.

Abel murmure entre ses dents : « Quel "teignard" ce garçon. »

Elisabeth, après avoir chuchoté à l'oreille d'Abel, déclare qu'elle va se dévouer pour les emmener tous les deux à la fête.

Pour Abel, elle ferait n'importe quoi, d'autant plus qu'il lui donne une pièce de dix francs ; je proteste que c'est bien trop. Pour me répondre, Abel, en clignant de l'œil à Elisabeth, ajoute deux pièces de cent sous : « Cela, c'est pour chacun des garçons ! »

« Ce qui est donné est donné », me nargue Elisabeth.

Elle décide de les emmener à bicyclette en prenant Jacky sur son porte-bagages, Michel enfourchant la sienne.

Je n'en reviens pas. Marie-Louise ose à peine protester ; sans doute est-elle encore honteuse de sa gifle. Elle se contente de recommander à Jacky, en le couvrant de baisers, de bien tenir la taille d'Elisabeth.

Impossible de jouer sérieusement au bridge : Marie-Louise ne cesse de me raconter l'affolement de ses derniers quinze jours à Sainte-Féréole. A partir de la mobilisation générale, la moitié du village venait écouter chez elle les dernières nouvelles que diffusait son poste T.S.F. Impossible d'appeler Abel, il y avait au téléphone plus de deux heures d'attente pour obtenir Paris... Et elle relate encore : les pleurs des mères et des femmes démobilisées, ses inquiétudes quand elle a appris les premières alertes à Paris, le train bondé de militaires avec des valises plein le couloir... tout cela pour découvrir que Paris n'avait jamais été aussi calme.

Les enfants reviennent dans un tel état d'excitation que Marie-Louise emmène Jacky dans la salle de bains pour lui passer un gant de toilette humide.

Quand elle redescend, elle gronde Elisabeth, elle en a appris de belles ! Elle aurait dû se rendre compte à quel point il était dangereux d'emmener un petit garçon de six ans et demi dans des autotamponneuses.

« Mais je l'avais bien calé entre Michel et moi ! »

Elle ne devait pas avoir la conscience bien tranquille, car Michel reproche à Jacky de n'avoir pas tenu sa promesse : « Tu es un rapporteur, tu nous avais juré de ne rien dire ! »

Mardi 19 septembre 1939

Je ne sais pas pourquoi je m'entête à prendre le train pour aller à Paris alors que la ligne d'autocars Citroën s'arrête devant la maison pour me conduire Porte Maillot.

J'ai pris rendez-vous avec ce brave monsieur Huret, fondé de pouvoir de l'Union parisienne, qui s'occupe de mon compte.

Quatre de ses employés ont été mobilisés et il se plaint d'être accablé de travail.

Avant d'aller chercher mon dossier, il me tend un fauteuil pour m'asseoir, et je me permets de prendre *le Figaro* sur son bureau ; les troupes allemandes ont fait leur jonction en Pologne avec les troupes soviétiques.

« Et dire que nous avons cru en 1918 que nous avions fait la dernière ! laisse-t-il tomber désabusé en s'asseyant. Mais vous avez beaucoup de chance, madame Basset, votre transfert de Cologne est arrivé le 1er septembre ! C'est certainement le dernier virement que nous recevrons d'Allemagne avant longtemps. »

Le regard qu'il m'adresse par-dessus ses lunettes me fait

comprendre que, dorénavant, je ne serai plus la cliente privilégiée qu'il aimait conseiller pour ses placements.

Au fil des ans, il m'a fait constituer un portefeuille de valeurs qui, heureusement, grâce à l'achat d'actions américaines et suisses n'a pas trop perdu par rapport à la baisse des valeurs françaises.

Dans l'autocar du retour, je prends des résolutions d'économie et me félicite d'avoir écouté les conseils de Marie-Louise — « Une petite bonne aidée d'une femme de ménage et d'une repasseuse vous suffira bien ! »

Il va falloir absolument que j'arrive à maintenir cette immense et incommode maison de Pontoise, qui est de moins en moins pratique depuis que Georges, en prévision des restrictions alimentaires dont tout le monde parle, a décidé d'y installer un immense poulailler, des clapiers à lapins et de transformer le jardin du haut en potager; j'ai pu quand même échapper à une cabane à cochons.

Ce soir, il rentre particulièrement de bonne humeur : son ami Raoul Dautry, l'ancien président de la S.N.C.F., qui lui a permis de réaliser d'énormes affaires de ferraille, vient d'être nommé à l'Armement.

Georges sort d'un entretien avec Dautry, qui compte s'appuyer sur lui pour lancer une sorte de croisade nationale pour inciter les Français à récupérer le moindre bout de ferraille.

Dans le fond, je ne pense pas qu'il soit mécontent que la guerre nous ait affranchis de la tutelle de l'oncle Otto; il va pouvoir enfin prendre une revanche sur des années de mépris. Enfin, il va pouvoir assumer par lui-même les besoins de sa famille !

Jeudi 21 septembre 1939

A la plage de l'Isle-Adam nous nous retrouvons avec Marie-Louise.

Au regret de Michel, craignant qu'ils ne soient enrhumés

pour la rentrée, elle ne veut pas que les enfants se baignent. Ils jouent dans le sable à construire des fortifications qu'ils bombardent de billes. Même si je me refuse à avoir la T.S.F., la guerre est présente partout sur les affiches, dans les vitrines et dans les rues, pleines de militaires.

Quand j'annonce à Marie-Louise ma décision de faire suivre à Michel sa septième en l'inscrivant à un cours par correspondance, elle me regarde stupéfaite !

En m'occupant personnellement de lui, je suis certaine de le faire parvenir à des résultats scolaires que, jusqu'alors, aucun professeur n'a été capable d'obtenir.

Devant cette décision, Marie-Louise, atterrée, se croit obligée de me mettre en garde :

« Voyons, Marguerite ! Vous ne vous rendez pas compte que d'être institutrice, c'est un métier ! Je vous imagine déjà entre le piano, la cuisine et vos courses ! Où trouverez-vous le temps de vous occuper sérieusement de Michel ! Non, Marguerite, inscrivez-le donc au collège municipal, l'émulation des autres enfants est tellement importante ! D'ailleurs, entre nous, vous avez renoncé à lui enseigner le solfège, alors pour le reste, on en reparlera ! »

Elle m'énerve tellement que je suis de plus en plus déterminée dans une décision qui prend maintenant une allure de défi.

J'ai horreur de ce collège municipal où n'enseignent que des professeurs anticléricaux socialistes, voire même communistes.

« Cela ne vous empêchera pas de l'inscrire au catéchisme ! Et croyez-moi, cela lui fera le plus grand bien "de fréquenter" des enfants qui ne soient pas de la "haute" comme à Sainte-Croix !

« Mais qu'est-ce que c'est que cela, Marguerite ! il faut que nos enfants, des petits bourgeois, se frottent, dès leur plus jeune âge à des enfants moins favorisés ! Et je préférerai toujours un fils de concierge appliqué à un petit morveux des beaux quartiers ! Comme Abel, je pense qu'il n'y a pas de meilleure formation que l'école publique ! Les fils de famille n'en ont rien à fiche de leur avenir tandis que les autres ont très tôt conscience qu'il leur faut étudier durement pour s'élever de rang social, et leurs efforts sont si communicatifs qu'ils donnent un niveau de classe bien supérieur à celui de toutes vos écoles privées.

« Non, votre Michel, si vous continuez, vous ne réussirez qu'à en faire une poule mouillée ! Bien sûr, il saura faire le baisemain et ça lui servira à quoi ? »

Puis, comme pour m'édifier, elle me raconte l'histoire d'un de ses amis d'enfance qui, fils d'une pauvre veuve qui survivait à peine de trois chèvres et de deux vaches, est parvenu, de bourse en bourse, à l'Ecole polytechnique pour être maintenant président d'une compagnie d'assurances.

« Et là, Marguerite, moi, je m'incline ! »

Abel a pu faire intervenir le ministère de la Guerre pour obtenir qu'on lui pose une ligne téléphonique en priorité, et son premier coup de téléphone sera pour moi !

Marie-Louise m'a tellement exaspérée en me critiquant, avec sa défense de l'école laïque, que je ne risque pas de l'appeler avant longtemps.

Finalement, je ne sais pas pourquoi je me suis entichée à ce point d'elle : fille d'instituteur, elle le restera toute sa vie, imbue d'elle-même et de ses théories primaires. A l'évidence, elle est totalement inculte et je n'arrive pas à comprendre ce qui a bien pu m'attirer en elle.

Comment ose-t-elle vouloir me donner des conseils sur l'éducation de Michel alors qu'elle n'a su faire de son fils qu'un enfant coléreux, impatient, trépigneur, gâté, dont elle satisfait le moindre des caprices ?

Quand elle me dit que Michel risque d'être une poule mouillée, elle me fait rire. Alors elle, parlons-en, avec sa crainte obsessionnelle des microbes, « qu'il prenne froid », « qu'il prenne chaud », « Tu vas te faire mal, ne saute pas de si haut », elle va le rendre timoré pour le restant de sa vie.

Mon Dieu ! Quel destin prépare-t-elle pour cet enfant horriblement gâté ! Mais j'oublie qu'il sera sauvé par l'école laïque de Jules Grévy.

Vendredi 27 septembre 1939

La nuit dernière, les sirènes nous réveillent en sursaut; je sors les enfants du lit et prends Michel encore tout endormi pour descendre à la cave.

Aux coups de sifflet impératifs et à la sonnette du jardin qui s'agite frénétiquement, Georges ouvre et découvre un agent de la défense passive qui, en nous désignant une persienne mal obstruée, crie hystériquement :

« Eteignez-moi à l'instant ces lumières, vous allez nous faire repérer ! » Puis, tout aussi brutalement, il enjoint à un couple de passants qui regagnaient tranquillement leur maison de se mettre à l'abri chez nous.

La nuit est claire et lumineuse, j'ai beau la scruter, je ne vois que des étoiles.

En descendant les escaliers de la cave, je reconnais maintenant nos hôtes imprévus : ils tiennent une boutique de chaussures, rue de l'Hôtel de Ville.

Devant les poutres d'étaiement qu'a fait poser Georges, le marchand de chaussures s'extasie :

« Du bel ouvrage qui peut supporter n'importe quel bombardement et, croyez-moi, j'ai fait la guerre dans un régiment de sapeurs ! »

Le grand silence finit par nous oppresser; j'essaye de prier en regardant les enfants qui continuent leur nuit, enroulés dans leur couverture.

Se passe un très long temps avant que notre « invité », après avoir toussé, se laisse aller à parler, pour calmer son angoisse.

Comme tous les petits commerçants, il a une vue globale et générale de tout; il nous révèle les intentions secrètes du Führer et la réplique stratégique que saura lui opposer le général Gamelin — « Mais nous n'en serions pas là si les Français avaient su écouter le colonel de la Roque. » Il sait même reconnaître le bruit des moteurs à deux temps des Messerschmitt, qui n'a rien à voir avec le ronronnement continu des avions français, et il s'enhardit à monter à la porte de la cave pour se mettre aux aguets d'un bruit de moteur suspect, jusqu'à ce que retentisse la sirène de fin d'alerte.

Enfin, toute heureuse d'avoir un téléphone, Marie-Louise m'appelle :

« Marguerite, avec les angoisses que j'ai vécues hier pendant l'alerte, vous parlez comme c'est nécessaire ! »

Elle aimerait que nous venions bridger chez elle dimanche.

J'ai mille autres prétextes pour refuser son invitation, mais je ne sais pourquoi, j'invente que je suis souffrante, que je me sens toute fébrile ; alors, dans ce cas-là, c'est elle qui viendra me voir !

Il n'en est pas question, ma maison est sens dessus dessous, je n'arrive pas à m'organiser et, en plus, Jean-François et Elisabeth rentrent à l'école lundi !

Elle finit par sentir ma réticence, mais la pauvre ne comprend pas que j'aie envie de mettre un peu de distance entre nous ; je ne sais pas pourquoi sa façon de parler tout d'un coup m'horripile : ses « vous parlez comme c'était nécessaire », ses « qui c'est qui », sans compter le « préparer le manger pour le petit » !

Et puis je n'ai pas encore digéré ses critiques de ma décision de faire personnellement suivre sa septième à Michel.

Vendredi 20 octobre 1939

Malgré la vaillance d'Henriette et l'aide de la femme de ménage, je crois que je n'arriverai jamais à bout de cette maison et de ses couloirs qui n'en finissent plus.

Je suis tellement épuisée que je n'ai le temps de penser ni à la guerre ni à Marie-Louise : faire le marché pour sept personnes, surveiller la cuisine — Henriette, c'est son seul défaut, est loin d'être un cordon bleu — et en plus m'occuper du poulailler et surtout des lapins.

Tous les matins, de 8 heures 30 à 11 heures 30, je me consacre à Michel. Il me rend folle : impossible de lui faire comprendre la concordance des temps qui, pourtant, lui vient naturellement quand il parle.

J'essaye la méthode d'Abel Chirac — lui faire apprendre par cœur les résumés — mais j'attends en vain qu'il comprenne.

Pour l'arithmétique, j'ai dû renoncer à lui faire apprendre ses leçons. Je suis totalement perdue dans les problèmes de robinets et de trains qui se croisent, et je fais venir un répétiteur deux fois par semaine.

Malgré tous mes efforts, les devoirs corrigés que me renvoie l'école chaque semaine sont désastreux.

L'après-midi, je le laisse faire ses devoirs tout en le surveillant, car il ne demande qu'une chose, retrouver les soldats qui sur la place Saint-Louis continuent à peindre des numéros d'immatriculation militaire sur le capot de voitures réquisitionnées.

En plus, chaque jeudi, je dois accompagner Jean-François à sa leçon de piano, heureusement dans le quartier de la Madeleine, ce qui me permet de faire des courses.

Insidieusement s'empare en moi le remords d'avoir provoqué cette brouille avec Marie-Louise, d'autant plus que son bon sens paysan avait entièrement raison sur mon incapacité à faire suivre à Michel sa septième à la maison.

Finalement, le ridicule de son discours sur l'école publique n'était qu'un faux prétexte ; la raison profonde de cette fâcherie n'est due qu'à la vanité de ma présomption, comme en témoignent devant mes yeux les corrigés des devoirs de Michel.

Je me résous à l'appeler. Je tombe sur Abel, sa voix est chaleureuse et moqueuse,

« Alors, nous ne nous voyons plus ! Que va donc devenir notre cagnotte ? Bien sûr, pour l'Angleterre, c'est manqué, mais nous trouverons bien un autre prétexte pour la casser ! » Et il me passe Marie-Louise ; elle me répond avec une froideur qui contraste avec son accent que je retrouve avec plaisir.

Je tente de lui expliquer mes journées harassantes dans cette maison. « Ma petite ! Vous croyez être la seule à devoir vous occuper d'une maison ! », me coupe-t-elle, sèchement.

Mais il me suffit de prendre des nouvelles de Jacky, de lui demander comment s'est passée sa rentrée à l'école pour la faire fondre.

Dimanche prochain, elle ne pourra pas venir à la maison car elle doit avec Abel retrouver leurs cousins Carle, mais pourquoi pas à la Toussaint !

C'est toute heureuse à l'idée de nos retrouvailles que je raccroche.

J'entends klaxonner la voiture de Georges et les enfants se précipiter pour ouvrir la porte du garage.

Georges sort du cabinet de Raoul Dautry et est aussi content et heureux qu'un enfant qui exhiberait un bulletin d'excellence en me montrant l'affiche qui sera apposée sur tous les murs de France : une affiche aussi ignoble et vengeresse que *la Marseillaise.* Sur fond bleu, blanc, rouge on y voit, en bas, une ligne de baïonnettes en hérisson, qui ressemblent à des pics révolutionnaires et, en haut, on y lit : « Avec vos ferrailles nous forgerons l'acier victorieux. »

C'est, paraît-il, pour convaincre les Français de débarrasser leurs caves et leurs greniers pour apporter leurs ferrailles dans des dépôts prévus dans toutes les gares de marchandises.

Mercredi 1er novembre 1939

Pour mes retrouvailles avec Marie-Louise, j'ai prévu une énorme choucroute ; j'ai même pris le train hier pour aller m'approvisionner chez Schmidt, à la gare de l'Est.

Tout le monde adore mes choucroutes et pourtant c'est le plat le plus simple du monde ! Il suffit de la bien laver, d'y enfouir une palette de porc et de la laisser mitonner ; après, il n'y a plus qu'à la parer de saucisses et de cervelas qui cuisent à part en eau frémissante. Et Georges a prévu un riesling de Schlumberger 1936.

Pour donner un genre d'intimité familiale propre à ma réconciliation avec Marie-Louise, je n'ai invité, à dessein, que les Chirac, et j'ai prévu que les enfants mangent à table.

Marie-Louise arbore un chapeau vraiment curieux ; on dirait une galette de sarrasin, surmontée d'un cône couleur de marron d'Inde et enserrée d'une gaze de soie qui fait irrémédiablement penser à de la crème fraîche. Bien sûr, Georges la complimente sur son élégance.

Abel n'est pas de son avis et supplie Marie-Louise d'ôter cet affreux bibi qui est complètement ridicule.

En se levant pour aller déposer son chapeau au vestiaire, elle foudroie du regard Abel qui, sans lui prêter attention, hume l'air en se frottant les mains : « Mon Dieu, comme ça sent bon l'Alsace ! J'ai une faim de loup ! »

En allant à la cuisine, je croise Marie-Louise qui, furieuse, me glisse à l'oreille : « Ça, Abel, il va me le payer ! »

Heureuse qu'Abel m'ait servi de paratonnerre pour détourner sur lui la rancune de Marie-Louise, je m'efforce de la calmer en lui demandant de ne pas gâcher le déjeuner avec un mouvement d'humeur, qu'au demeurant je la comprends tout à fait, d'ailleurs, ce chapeau lui sied à merveille.

Riesling aidant, nos maris deviennent aussi gais que des Alsaciens dans une *Wienstübbe*. Courroucée, Marie-Louise hausse les épaules :

« Devant le gamin, Abel, tu pourrais éviter de boire ! »

Et elle se lève pour aider Jacky à manger, qui a refusé la choucroute et regarde d'un air dégoûté deux tranches de filets de Saxe avec trois pommes de terre, dont il ôte méticuleusement les traces de choucroute.

Il porte encore la croix d'honneur attachée à son paletot, et je ne peux m'empêcher de dire à Michel qu'il ne m'aura jamais donné une telle satisfaction.

Après la tarte aux quetsches, Georges exige qu'Henriette

serve le café et la mirabelle à table. Je n'ai jamais pu m'habituer à cette habitude de bistrot.

De plus en plus éméché, Georges se met à chanter cette rengaine qui m'exaspère :

« Je suis un Alsacien, le chassepot à la main,
pour chasser le Prussien, de l'autre côté du Rhin... »

Elisabeth reprend le couplet en riant; Jean-François est mal à l'aise et, avec Marie-Louise, nous décidons d'accompagner Jacky et Michel aller jouer au premier étage.

Marie-Louise s'effraye à l'idée que le petit puisse tomber dans l'escalier trop bien ciré.

En redescendant, elle me reproche d'avoir dit une bêtise !

« Mais laquelle ?

— D'embêter Michel avec la croix de Jacky ! Les deux enfants s'entendent si bien... si vous rendez jaloux l'un d'eux, ils ne vont plus se supporter ! »

La délicatesse de Marie-Louise me surprendra toujours.

Samedi 18 novembre 1939

Depuis que j'ai inscrit Michel à la troupe de louveteaux et au catéchisme de Saint-Maclou, il travaille beaucoup mieux. Sans doute se sentait-il trop seul à la maison, son frère étant trop âgé pour lui servir de compagnon de jeux. En fait, Jean-François est un garçon introverti, toujours dans les premiers de sa classe; il me paraît tellement conventionnel que je pense qu'il réserve pour son piano sa sensibilité intérieure.

Avec Elisabeth il s'entendrait mieux mais, à cet âge, cinq années de différence valent presque une génération.

Depuis le début de la guerre, tous nos amis parisiens se sont réfugiés dans les campagnes plus ou moins rapprochées de Paris. Ils s'y ennuient, ce qui nous vaut des invitations tous les dimanches, pratiquement jusqu'à Noël.

Pour qu'elle ne croie pas que je l'abandonne, j'ai convenu avec Marie-Louise d'aller la voir à Parmain, mais seule, sans Michel, qui est invité à un goûter d'enfants.

La décoration de la maison des Chirac est invraisemblable de mauvais goût. Il y a même des assiettes fixées au mur dans la salle à manger, et, dans le salon, un tableau qui représente, au petit matin, une clairière où brament des cerfs qui est à ne pas piquer des hannetons, ainsi que d'horribles bibelots asiatiques que son frère lui a certainement envoyés d'Indochine. L'ensemble est cependant bizarrement chaleureux.

Dans le fond, cette décoration est à l'image de Marie-Louise.

Jacky joue en haut avec le fils de la voisine, une femme du Nord gentille et serviable mais un peu sotte. Depuis que nous ne nous voyons plus, Marie-Louise n'a personne d'autre à qui parler.

Elle me demande si, comme elle, je ne trouve pas étrange cette guerre où il ne se passe rien. Sans les fausses alertes, on finirait presque par l'oublier, et elle finit par croire que c'est le gouvernement qui s'amuse à déclencher des sirènes pour nous persuader que nous sommes bien en guerre !

« Finalement, arrivez-vous à faire suivre à Michel ses cours par correspondance ? »

Je lui avoue que c'est un désastre, et qu'il m'énerve au point de lui donner des coups avec le ceinturon scout de son frère !

Elle se contente d'un « je vous avais bien prévenue », sans insister.

Elle n'arrive pas à comprendre comment je peux lire autant. Elle s'est acheté il y a environ un mois à la gare du Nord un roman américain, *Lys de Brooklin*, pour finalement le laisser tomber au quatrième chapitre : « C'était trop triste ! »

J'essaie de lui faire comprendre que l'on n'achète pas les livres dans les gares, mais chez un libraire qui peut nous conseiller, ou d'après les critiques parues dans *la Nouvelle Revue Française*, ou même dans *le Figaro*.

« Les livres ! Tout cela finalement ne sert qu'à vous embrouiller l'esprit », conclut-elle. Puis, regardant sa montre, elle claque des mains et crie : « Venez vite, les enfants, prendre votre quatre-heures ! »

Pierrot, le petit compagnon de Jacky, est un charmant et grassouillet petit blondinet qui trempe avec délice sa tartine dans son bol de chocolat.

« Pierrot, il n'en a jamais assez ! Il a même les yeux plus gros que le ventre ! Tu devrais en prendre de la graine, Jacky ! » Et elle se met à menacer Jacky qui, la bouche pleine, refuse d'avaler. Il proteste qu'il n'aime pas la confiture d'abricot et réclame de la gelée de groseilles. Marie-Louise satisfait son caprice.

Jacky n'a qu'une envie, c'est de continuer à jouer, et il entraîne presque de force, sans même lui laisser terminer sa tartine, le pauvre Pierrot.

Devant moi, Marie-Louise entreprend de préparer un hachis Parmentier, le genre de plat qu'Abel adore. Elle est d'une propreté méticuleuse, et, avec sa blouse blanche, quand elle passe au hachoir des restes de rosbif et de gigot, on dirait une pharmacienne qui prépare une potion.

Je ne suis pas d'accord pour le mélange de gigot et de bœuf, mais Abel l'aime comme cela.

La voisine vient chercher Pierrot. C'est vraiment la mère de son fils, avec les mêmes yeux pâles et les mêmes cheveux filasses.

« Madame Hoovenagel, vous resterez bien prendre une tasse de thé avec nous ! » La voisine se fait prier. Chez les grosses dames, la minauderie m'a toujours paru avoir quelque chose de comique En s'asseyant, elle m'explique avec un accent traînard qu'elle a bien de la chance : ingénieur à la S.N.C.F., son mari a pu éviter la mobilisation en étant affecté aux chemins de fer — « C'est bien simple, à part les vieux, il ne reste comme homme dans le quartier que monsieur Chirac et mon mari ! »

Et cela pose de sérieux problèmes à l'institutrice qui a confié à Marie-Louise qu'elle avait beaucoup de mal avec tous ces enfants privés de père, enfin, d'autorité paternelle. Et voilà Marie-Louise lancée dans l'un de ses thèmes de prédilection : même avec la meilleure institutrice, sans la constante surveillance des parents, les enfants finissent par perdre tout ce qu'ils ont acquis à l'école, et elle révèle à madame Hoovenagel ses trésors de patience pour faire travailler Jacky à la maison, et les exigences de « par cœur » de son père.

A l'écouter, la voisine se sent vraisemblablement responsable des mauvaises notes de son fils, et baisse la tête pour, finalement, faiblement protester :

« Mais, madame Chirac, il y a des enfants comme Jacky qui ont, heureusement pour vous, des facilités ! Tandis que ce pauvre Pierrot, lui, se contente d'être plein de bonne volonté ! Et que puis-je y faire !

— Tout, ma chère. »

Effondrée, la pauvre madame Hoovenagel semble réfléchir à ce « tout » qui l'a dépassée, jusqu'à ce qu'un bruit de cavalcade, de chute d'un enfant dans l'escalier et de pleurs vienne interrompre le cours de ses pensées. Nous nous précipitons pour découvrir Pierrot qui, les yeux bandés d'une écharpe, a déboulé l'escalier.

Jacky se défend déjà : « Ce n'est pas de ma faute, c'est la faute à "Bouboule" qui n'a pas vu l'escalier ! » Il reçoit une paire de gifles en plein visage !

« Tu n'as pas le droit d'insulter un petit camarade ! »

Maintenant, les deux enfants pleurent; Marie-Louise va chercher une boîte de sucettes pour consoler Pierrot.

« J'en veux une ! trépigne Jacky au point d'en oublier ses pleurs.

— Pas tant que tu n'auras pas fait tes excuses à ton camarade de l'avoir appelé Bouboule. »

Un moment il hésite, mais son désir de sucette est plus fort que son honneur, et il bredouille un pardon inaudible :

« Non, pas comme cela. Tu vas lui demander pardon en embrassant ce pauvre petit Pierrot. »

Il s'y refuse. Madame Hoowenagel la supplie de ne pas en faire une histoire, dit que tous les enfants qui jouent à colin-maillard se font tourner sur eux-mêmes jusqu'à en avoir le tournis, et que ce n'est vraiment pas la faute de Jacky. Et, en prétendant que son fils saura toujours trouver des âmes compatissantes, Marie-Louise cède au point d'aller jusqu'à défaire le papier de la sucette rouge que guigne Jacky.

Je dois aller prendre mon train. La nuit est tombée, le ciel est couvert, annonciateur de neige, ce qui nous évitera, je l'espère, une nouvelle alerte cette nuit.

Marie-Louise entretient de bien étranges rapports avec son fils : elle est d'un côté d'une exigence absolue pour l'écolier qu'il est, et d'un autre côté justifie tous les caprices d'un enfant pour qui rien n'est trop beau.

Elle est tellement mère abusive que j'ai peur qu'elle ne souffre, dans deux ou trois ans, quand Jacky, comme tous les petits garçons, cherchera à manifester ses désirs d'indépendance.

Lundi 16 février 1940

L'hiver n'en finit plus. Cette année, il m'a paru horriblement rigoureux, mais peut-être est-ce seulement parce que, dans le confort de mon appartement de Neuilly, j'avais fini par presque éluder les saisons.

C'est au réveil, le matin, que l'on ressent le plus l'hiver : c'est dans les cheminées, sur les chenets, la tristesse de bûches éteintes à demi consumées ; c'est le bruit sourd de la chaudière quand Henriette en fait tomber le mâchefer ; c'est découvrir, en ouvrant les persiennes des chambres des enfants, la désolation d'un jardin où une gelée sale laisse apparaître des tâches de gazon usé.

Marie-Louise a encore plus mal vécu que moi la rigueur de cet hiver. Jacky n'a pas cessé d'être malade. Il a eu d'abord les oreillons qui risquaient à jamais de la priver de la joie d'être grand-mère, un rhume qui en dégénérant en bronchite allait certainement lui occasionner une primo-infection des poumons, et que sais-je encore !

J'ai envie de me moquer de tous ces cataplasmes, ventouses et tisanes dont elle accable Jacky, mais, me souvenant du drame de sa petite fille, je lui propose de consulter Martinguet, le médecin qu'elle avait tellement apprécié lors de ma crise d'appendicite ; elle me demande de l'accompagner.

J'ai beaucoup plus préparé Martinguet à la mère qu'à l'enfant. C'est plutôt un « docteur tant mieux », et sa jovialité met tout de suite à l'aise Marie-Louise.

Quand elle a fini de déshabiller Jacques, le médecin, en l'observant, s'écrie : « Ce garçon, c'est vraiment de la belle race limousine ! »

Quand Marie-Louise veut tenir son fils sur la table de consultation, il l'en empêche : « Voyons, c'est un grand garçon qui sait se tenir tout seul ! »

Tout inquiète, Marie-Louise, quand elle suit l'auscultation de Jacky. Un examen qui n'oublie rien, même ses parties les plus intimes. « Madame, votre fils a vraiment une sacrément belle gibecière et le fusil qui va avec ! » A cette réflexion, la mère sourit de contentement, et, en l'examinant à la radio, Martinguet lui assure qu'il a des poumons de souffleur de verre !

Quand Marie-Louise lui demande pourquoi son fils, depuis le début de l'hiver, se sent continuellement fatigué, le docteur Martinguet lui explique qu'il est en pleine croissance ! — « Rendez-vous compte comme il est grand pour son âge... »

Et là, c'est tout Martinguet quand il lui dit, en rédigeant son ordonnance, que même le blé a besoin d'engrais pour pousser, et qu'il se borne à prescrire à Jacques des aides analogues pour lui faciliter sa croissance.

En tout cas, qu'elle soit certaine « d'avoir réussi un bien beau petit bonhomme qui est en pleine santé ».

Dans l'attente de nos trains, nous décidons de prendre le thé à l'*Hôtel Terminus* de la gare du Nord. La salle est pleine de militaires qu'accompagnent leurs femmes avant leur départ au front. Des officiers anglais aux uniformes impeccables qui viennent d'entrer me semblent rappeler à l'ordre le laisser-aller de tous ces quadragénaires mobilisés qui se sont travestis en soldats.

Marie-Louise se plaint d'avoir à peine vu Abel depuis le début de l'année, tant il est pris par ses affaires. Il en va de même pour Georges, mais elle devrait se rendre compte, quand même, comme nous avons le privilège que nos maris, par leur profession, aient pu éviter d'être appelés sous les drapeaux.

Lundi 25 mars 1940

Avec stupeur, j'apprends dans le journal la mort de l'oncle Otto, « un coup dur pour l'industrie de guerre allemande », écrit le journaliste qui en fait le roi de l'acier en énumérant tous les hauts-fourneaux et aciéries que le *Konzern* possède en Sarre, en Ruhr, en Silésie et je ne sais où encore.

Il a eu des funérailles glorieuses, presque nationales, célébrées en présence du maréchal Goering, qui a tenu à honorer le grand Allemand que vient de perdre la nation, et son ami de toujours.

Après avoir évoqué la grande aventure de sa vie, la construction du chemin de fer transchinois, le journaliste écrit que, contrairement à Thyssen qui vient de s'enfuir en Suisse, oncle Otto avait dû se résigner à payer une amende colossale pour obtenir le droit de retourner en Allemagne. Le journaliste s'étonne du discours de Goering pour un homme qui avait eu un associé juif, Ottmar Strauss, qu'il n'avait jamais renié et qui avait été l'ami de Walther Rathenau. Ce dernier avait siégé à la commission des réparations de guerre franco-allemandes et, surtout, avait financé l'ennemi juré d'Adolf Hitler, Otto Strasser. Et il laisse supposer que la mort d'Otto Wolff n'est sans doute pas naturelle.

Je suis bouleversée. En priant pour lui, je vois défiler dans ma tête des images de souvenirs, quand, en 1913, après la mort de ma mère, il m'avait fait venir avec Oma à Cologne pour essayer d'atténuer mon chagrin — avant la grande séparation de la dernière guerre, où les autres filles me traitaient à l'école de fille de Boche —, puis les retrouvailles de 1919, à l'époque où il partageait sa vie entre l'Allemagne et Paris.

Bien sûr, mon mariage avec Georges ne lui avait pas plu. Pourtant, il avait essayé d'y mettre du sien, mais le pauvre Georges, décidément, ne se sentait pas à sa place au milieu de tous ces Allemands.

Je me souviens encore d'un bal qu'oncle Otto avait donné dans son hôtel particulier à Berlin, où Georges se sentait si triste et si désorienté qu'il m'avait fait une scène à propos de l'arrogance de tous ces Allemands qui avaient, quand même, perdu la guerre.

J'essaye d'effacer tous les mauvais souvenirs d'oncle Otto qui peuvent se présenter à moi : ses colères monstrueuses, son autoritarisme, la frivolité d'une vie amoureuse où il achetait des corps de femmes sans même les aimer, mais sauvegardant peut-être ainsi cette fidélité de sentiment qui l'unissait à tante Anna.

Mercredi 10 avril 1940

Je passe mon temps au jardin — c'est l'époque des semis — et j'imagine déjà toutes les floraisons du mois de mai.

Les primevères et les oreilles-d'ours sont déjà sorties et je surveille l'avancement des tulipes; là, quand la nature se réveille je ne regrette vraiment pas Neuilly!

Mon Dieu, j'ai encore oublié que le mardi est un jour « sans viande »; dorénavant, les boucheries sont fermées trois jours par semaine. Il faut que je demande à Henriette de tuer un lapin pour ce soir. Pour une fois que Georges n'est pas en voyage, je tiens à lui préparer un dîner qu'il aime.

Je n'ai aucune envie d'aller rejoindre Michel, que j'ai laissé devant son livre de géographie, « les fleuves navigables et leurs affluents » ! Comme tout est compliqué à expliquer à un enfant ! Et surtout, il faut que je lui fasse refaire sa dictée de la veille où il y avait une faute d'orthographe à presque chaque mot. Impossible de lui faire comprendre les accords du participe passé !

Avec ses devoirs, j'avoue tricher un peu. Je les lui fais faire d'abord au brouillon, pour ensuite les lui faire recopier sur la feuille de cours, sinon, avec ses notes, on ne me l'acceptera jamais en sixième l'année prochaine.

Je suis à peine rentrée dans la maison que Marie-Louise m'appelle pour m'annoncer sur un ton de catastrophe que les Allemands ont envahi le Danemark et la Norvège.

J'essaie en vain de la calmer, en lui disant que les pays scandinaves sont bien loin de nous, très, très au nord ! Mais elle a des prémonitions. « Cette drôle de guerre, Marguerite, ne peut finir qu'en vraie guerre ! »

Vendredi 26 avril 1940

Finalement, dans cette grande et incommode maison de Pontoise, le temps passe sans que je m'en aperçoive. Cette guerre qui n'a jamais commencé finira-t-elle un jour ?

Les lilas qui dominent le jardin du haut commencent à fleurir, et bientôt dévaleront sur ces murs de vieilles pierres des grappes de glycine en fleurs qui se marieront avec celles des cytises plantés à l'entrée de l'escalier.

Je me demande quoi semer dans ce massif où ne sont venues que des primevères pour annoncer le printemps quand Henriette me prévient qu'on m'appelle de l'étranger par téléphone. C'est le docteur Sendler, le fondé de pouvoir d'Otto Wolff à Zurich.

Le ton de sa voix est anormalement grave : « Ce que je vais vous dire, vous ne devez en faire état à personne, mais en mémoire de votre oncle Otto, je me sens obligé de vous avertir. Notre offensive est imminente, ce sera mille fois plus terrible qu'en août 1914, aussi, je vous conseille impérativement de vous réfugier, vous et les vôtres, le plus au sud possible. Que Dieu vous protège vous et votre famille ! »

J'ai peur, je prie, mais je ne veux pas inquiéter Marie-Louise et ne sais à qui me confier. Georges est en voyage dans le Nord, et il ne revient que dimanche, où il a fallu que j'invite Abel et Marie-Louise avec les Vuillaume. Je n'ai plus ma tête à moi. Il m'est impossible de faire travailler Michel à ses devoirs. Je m'installe à mon piano, où je massacre un prélude de Bach.

Dimanche 28 avril 1940

Mes obligations de maîtresse de maison m'ont peu à peu fait oublier deux nuits de cauchemar où je me sentais oppressée par la confidence du docteur Sendler, qui devenait, peu à peu, un lourd secret d'Etat qu'il m'était interdit de partager.

Tans pis pour ma réputation de maîtresse de maison. Je me contente de servir à mes invités des asperges et un jambon en croûte. Abel et Marie-Louise s'en régalent. L'après-midi, avec mes chers voisins les Carrel, j'arrive à organiser deux tables de bridge.

A peine sommes-nous passés au salon que Jean-François et Michel veulent emmener Jacky au portique du jardin du haut. « Et la digestion du petit ? s'affole Marie-Louise Chirac. — Eh bien s'il doit vomir, il vomira en faisant le cochon pendu », la coupe Abel. Cette incongruité tombe à plat. Tout le monde se regarde, Marie-Louise s'assied à une table de bridge face à Charles Vuillaume.

Abel Chirac est mon partenaire. Comme je manque une seconde impasse, il me reproche : « Mais où avez-vous la tête, Marguerite ? » Je lui confie alors ma conversation avec le docteur Sendler. Son visage se fige un instant, ses yeux rieurs prennent une fixité soudaine. « Laissez-moi deux jours, Marguerite, le temps de recouper vos informations avec celles que je devrais recevoir. »

Georges, qui a vaguement entendu, lance de l'autre table : « Enfin, Marguerite, j'ai encore vu Raoul Dautry jeudi, et crois-moi, cette drôle de guerre ne peut finir qu'en drôle de paix. » Soulagée d'avoir pu partager mon secret, je ramasse tous les plis. Nous abordons un autre « robb » quand Marie-Louise s'agite. « Et le petit ! il n'a pas eu son quatre-heures.
— Ce petit, il a pris deux parts de gâteau, grommelle Abel. Laisse-le donc jouer avec les enfants et fous-lui un peu la paix. »

Toutes ces expressions de Marie-Louise : « au plaisir », le « quatre-heures », « le petit », prononcées avec son accent corrézien, continuent à me réjouir. « J'ai encore dit une bêtise », me chuchote-t-elle. J'ai été obligée de la rassurer en lui disant qu'il était effectivement l'heure de préparer le goûter.

Mercredi 1er Mai 1940

Abel Chirac me téléphone. « J'aurais préféré vous offrir un brin de muguet, mais mes informations recoupent en pire celles du docteur Sendler. Vous et Marie-Louise, il faut vous mettre à l'abri. Je déjeune avec Georges pour tout mettre au point.

« Mais où aller ?

— A Sainte-Féréole, pardi ! On ne va quand même pas bombarder le plateau des Millevaches. »

Au téléphone, Georges essaye de me rassurer : « Abel est un méridional qui amplifie tout. »

Marie-Louise, affolée, est affairée à préparer ses valises, en fait, les valises du « petit ». « Il faut qu'il ne manque de rien. »

Je parcours cette immense maison de famille où, comme les Chirac à Parmain, nous sommes réfugiés depuis le début de la guerre dans la crainte de bombardements sur Paris. Je jette un regard attendri sur mon Bösendorfer qui ne m'entendra plus massacrer des partitions ouvertes au hasard, et sur les semis du jardin que je ne verrai pas fleurir.

Dans sa chambre, Michel joue encore aux soldats de plomb, où une armée allemande qu'on lui a donnée à Cologne se fait inexorablement battre par des Français en aluminium, ma foi assez vilains.

Je lui fais croire que nous allons partir en vacances avec le petit Jacky et le rassure en l'étreignant.

Quand Georges revient le soir, il affecte une gaieté forcée. Finalement, Abel l'a convaincu de partir vendredi, et il le soupçonne d'être franc-maçon pour avoir de pareils contacts, particulièrement avec un agent des services français à Eupen qui n'arrête pas d'envoyer des télégrammes de plus en plus alarmants à l'état-major sur l'importance des mouvements de troupes en Rhénanie du sud.

Eupen, Vervier..., tant de souvenirs me reviennent en mémoire de ces cantons rédimés belges que nous traversions chaque année, quand Georges nous conduisait en vacances chez tante Anna à Runderoth, cette vallée de la Meuse aux sous-bois romantiques, déjà l'Allemagne, enfin, celle de l'Empire !

Je regarde Jean-François et Michel dans leur premier sommeil. *« Traumen sie süss meine knabe ! »*

Vendredi 3 mai 1940

Pour être précipité, ce départ, il aura été précipité. Qu'emporter, que laisser, pour faire ses valises, avec bien sûr l'obsession du strict nécessaire qui vous fait oublier l'indispensable ? Les pleurnicheries de Jean-François et Michel, réveillés à 5 heures du matin, sont heureusement calmées par Elisabeth, qui, du haut de ses quatorze ans, se comporte en petite femme vaillante. Elle a sûrement entendu des bribes de conversations et tient à se mettre à la hauteur de la situation.

Nous traversons la Sologne, des lambeaux de brouillard s'accrochent encore aux branchages ; des paysannes regardent comme un événement passer nos deux voitures. Si ces pauvres Solognotes en fichu, qui ont toutes un mari ou un fils au front, avaient seulement idée du secret qui se dissimule dans ces voitures circulant sur une route déserte !...

Mon Dieu, si elles pouvaient s'imaginer cette avalanche de bombes et d'atrocités qui les attend ! Est-ce vraiment un privilège que d'être informé ! Abel nous suit dans sa voiture surmontée de valises bâchées, une vraie voiture de romanichel.

Georges est paniqué à l'idée de manquer de tabac de Virginie, et il s'arrête à chaque bureau de tabac pour y acheter tout le stock de cigarettes blondes, mêmes des Balto et des Week-end.

Au quatrième arrêt, Abel, excédé, sort de sa voiture. « Ecoutez, Georges, nous ne pouvons pas continuer comme ça ! Vous allez beaucoup plus vite que moi. Je pars devant vous, nous nous retrouverons à Argenton ! » Marie-Louise veut profiter de cet arrêt pour que « le petit », qui est tout ankylosé, se dégourdisse un peu.

Un avion déchire le silence de la Sologne. Jacky le suit des yeux : « Papa, c'est sûrement un Potez ! », et nous rions tous.

En traversant Argenton, je pense au livre de Friederik Sieburg *Dieu est-il français ?*. Mon Dieu, le calme si humain et tellement civilisé de toutes ces villes de province...

Jacky est fasciné par les strapontins de la grosse Reinastella de Georges, et, après le déjeuner, il veut continuer la route avec nous. « Et pourquoi pas, acquiesce Abel : les trois garçons s'amuseront bien mieux ensemble. Nous, nous allons prendre cette grande fille, Elisabeth. » Résignée, Marie-Louise me tend un paletot :

« A partir d'Uzerche, il va faire froid, vous me promettez de le lui mettre ?

— Et pourquoi pas un passe-montagne ? », croit bon d'ajouter Abel.

Séparé de sa mère, Jacky retrouve toute sa spontanéité. Pour leur faire oublier les virages, je fais chanter les trois garçons. A « j'ai du bon tabac dans ma tabatière », ils rient en désignant le sac plein de cigarettes que vient d'acheter Georges.

A Uzerche, Jacky me réclame son paletot, sinon sa mère va le gronder. J'en reste ébahie. Quand je pense à la désobéissance de mes fils...

C'est au crépuscule que nous découvrirons Sainte-Féréole.

En se garant sur le champ de foire, les deux voitures suscitent un intérêt général, et le *Café Dauliac* se vide de ses paysans en bleu de travail et en blouse qui viennent saluer l'enfant du pays qui a réussi à la capitale.

« Demain, demain ! », proteste Abel avec une condescendance bonhomme.

Eugénie, la vieille dame — en robe noire et tablier — qui garde la maison de Marie-Louise, a déjà pris Jacky dans ses bras. Elle n'a pas oublié que Jacky aime la crème renversée. Il n'y a pas que du dessert, mais aussi une marmite de soupe et une potée que dévorent les enfants, qui d'habitude rechignent.

Je me sens un peu désemparée par cette rusticité qui n'a rien de bucolique. Il y a des chromos, des napperons au crochet, des rideaux à broderie, et même un poste de radio.

Georges m'agace. Il a des attaches campagnardes bretonnes et s'adapte tout de suite à cette ambiance. Avec Abel, on dirait deux camarades de régiment, mais à la guerre comme à la guerre, et à la bonne franquette, comme aime à dire Marie-Louise.

Samedi 4 mai 1940

Une confusion de bruits, chant du coq, braiment, jurons en patois, roulement de carriole, me réveille.

En dehors du lit, encadré de ses tables de nuit, la chambre de l'*Hôtel Coste* m'offre une armoire à glace en pichepin, une table à dessus de marbre avec une cuvette et un broc, et des valises entrouvertes que je n'ai pas eu le temps de défaire.

Georges dort ; je me glisse dans la chambre voisine, les enfants eux aussi sommeillent. Les toilettes sont au rez-de-chaussée dans la cour, au-delà du café où boivent déjà des clients. Je n'ai pas le courage ! et je m'habille pour aller chez Marie-Louise de l'autre côté du champ de foire.

Sainte-Féréole, à peine un bourg, en bordure de la route de Brive à Tulle, un champ de foire avec sa bascule à bestiaux et cinq à six petites maisons misérables dont celle de la mère de Marie-Louise, qui était institutrice. Une pièce et une cuisine au rez-de-chaussée, des petites chambres à l'étage et, derrière, un jardinet avec le puits et la réserve de bois.

« Vous êtes bien matinale, Marguerite ! m'accueille Abel qui, en gilet de flanelle, se rase dans la cuisine. Le bon air de la Corrèze vous a déjà remise de ce voyage. Finalement, à part la précipitation de ce départ, ça s'est bien passé ! »

En essuyant son rasoir, Abel regarde Eugénie. Surveiller ses tartines à griller lui donne une faim de loup ; « Soldat lève-toi, c'est pas de la soupe, c'est du rata », se met-il à hurler d'une voix de stentor.

Marie-Louise apparaît alors dans un kimono tout à fait déplacé et des mules dorées en tenant par la main Jacky, les yeux encore tout gonflés de sommeil, qui se précipite vers son père. Georges et les enfants ne vont pas tarder à arriver.

Après le petit déjeuner et les informations — il ne se passe rien sur le front — vient l'éternelle question des enfants : qu'allons-nous faire ? « Toi, Elisabeth, tu vas certainement te faire une amie de Marinette, elle a ton âge et habite en face, quant aux garçons, qu'ils découvrent le village, ces trois petits nigauds de Parisiens, il faut qu'ils se déniaisent », décide Abel.

Lundi 6 mai 1940

Les vaches rentrées dans leurs étables, une pleine quiétude s'installe dans le village.

C'est un dîner paisible, ce genre de moments où l'on se

laisse aller à une euphorie tranquille. Pourtant, c'est un repas d'adieu : Abel et Georges repartent dès demain matin à l'aube à Paris.

Les affaires continuent, ils se veulent rassurants. S'ils nous ont mis à l'abri à Sainte-Féréole, c'est uniquement pour nous protéger d'éventuels bombardements sur la région parisienne, comme ceux qu'avaient subis Varsovie.

Mais la France n'est quand même pas la Pologne, les Allemands ne pourront jamais franchir la ligne Maginot qui, en plus, permet de dégager une masse de troupes considérable qui les arrêtera s'ils voulaient attaquer, comme en 1914, par la Belgique.

Et puis, la vie continue ! Abel raconte une blague qui fait rire Marie-Louise au point d'en lâcher le mouchoir dont elle se tamponnait les yeux. Je suis furieuse, je n'arrive jamais à me rappeler les histoires drôles, et pourtant moi aussi j'ai ri.

Quand il a trop bu, Georges prend des petits yeux rieurs. Abel, dans son ivresse, décrète chaleureusement que, maintenant que nous vivons une pareille aventure, fini les voussoiements de marquise, et que dorénavant nous allons nous tutoyer.

Depuis l'enfance, de ma vie, je n'ai jamais tutoyé d'étrangers ; le mélange de tu et de vous que j'adresse à Abel et Marie-Louise vont provoquer jusqu'à tard dans la nuit des fous rires.

Mardi 7 mai 1940

Le départ de Georges m'a à peine réveillée. Je n'ai pas l'habitude de boire et je me sens la tête lourde.

Dans la salle à manger, le poste de T.S.F. est déjà allumé et je crains qu'il ne me faille m'habituer à cette abominable radio qui émet un mélange de chansonnettes, de réclames et de nouvelles.

Au milieu de toutes les femmes habillées de la même robe de cretonne noire à petites fleurs violettes, Marie-Louise est indiscutablement la reine, la Parisienne.

Elle tient à me faire découvrir son village. A part l'église, dont le vieux curé perd la raison au point de confondre matines et Angelus, il n'y a rien d'autre que le café-épicerie Dauliac et la boucherie Jobert, points de rencontre de toutes les femmes du village.

Je me tiens un peu à l'écart de leurs embrassades où, furtivement, elles posent des questions sur l'étrangère que je suis. « Madame Basset, ma meilleure amie ! » Et je me laisse secouer la main avec des « madame Bachet » à n'en plus finir.

Depuis son arrivée, Marie-Louise a fait lever un vent de panique sur ses femmes qui ont toutes un mari ou un fils sur le front; c'est que pour renvoyer au pays sa femme ou son fils, Abel doit être au courant de bien des choses, c'est un monsieur qui a le bras long — « Vous rendez-vous compte qu'il est même arrivé à faire rentrer huissier au Sénat le fils "à la Mireille", une veuve de guerre qui n'avait que sa misère pour survivre. »

Maintenant que Marie-Louise est sur son territoire, elle régente tout : elle a décidé que nous ferions tous les matins travailler les petits dans la salle à manger et que les grands, eux, étudieraient au calme, au premier étage.

J'avoue ma perplexité pour suivre les devoirs de mathématiques ou même de latin de Jean-François et d'Elisabeth. Mais Marie-Louise me conseille de prendre dès demain matin l'autocar pour Brives et de m'y procurer des « livres du professeur » qui me permettront de les aider à suivre leur troisième trimestre.

Jeudi 9 mai 1940

Depuis qu'elle est à Sainte-Féréole, le comportement de Marie-Louise a changé du tout au tout. Du moment qu'il ait son gilet de flanelle, elle laisse courir son petit Jacky en toute liberté dans le village avec Michel et le fils de l'ébéniste.

Ils passent des heures dans la boutique de monsieur Chastanet, qui en ce moment fabrique un cercueil, s'attardent devant l'échoppe du sabotier, mais sont surtout fascinés par la forge du maréchal-ferrant qui les laisse parfois tirer la chaîne du soufflet.

La fenêtre de la salle à manger donne de plain-pied sur la place et c'est un sans-arrêt de femmes et de vieux qui viennent écouter les nouvelles ; s'ensuivent des parlotes qui ne laissent pas une minute à Marie-Louise, laissant à cette brave Eugénie le soin de préparer des repas qu'elle mitonne spécialement pour Jacky, qui bat des mains devant son pain perdu.

Quand le soir nous mettons à chauffer des marmites d'eau pour leur donner leur tub, Eugénie prétend qu'à force de les laver nous allons les user.

Samedi 11 mai 1940

Nous ne sommes pas trop de trois pour décider des menus à venir. Marie-Louise avait prévu un civet de lapin, mais Eugénie exige pour Jacques un poulet rôti.

Pour demain elle a prévu un gigot, mais, mon Dieu ! avec quelle garniture ? Les haricots ne sont pas encore venus ! Eugénie lui propose alors des haricots blancs avec un beurre à l'échalote et d'ouvrir un bocal de cèpes. Et « pour lundi » ? Eugénie lève les yeux en grommelant que les Parisiens passent leur temps à manger de la viande tous les jours, « et n'ont pas d'autre idée » !

Marie-Louise en a oublié d'allumer son poste de radio et tourne machinalement le bouton au moment même où un speaker annonce, sur un ton dramatique, que les troupes allemandes viennent d'envahir la Belgique, les Pays-Bas et le Luxembourg, et que les troupes françaises s'apprêtent à prêter main-forte à leurs alliés !

Devant la gravité de la situation, le Premier ministre, Paul Reynaud, va s'adresser dès ce soir à la nation.

Un long moment, nous demeurons interdites ; très loin de

nos préoccupations culinaires. Je me laisse étreindre les mains par Marie-Louise — « Là, Marguerite, c'est la vraie guerre qui commence ! »

Comment se propagent les nouvelles ? Je n'en sais rien, mais toujours est-il que devant la fenêtre ouverte se sont déjà attroupés les vieux du village, qui tendent l'oreille pour ne rien perdre des informations. Chacun hoche gravement la tête et tous y vont de leur commentaire ; les femmes les rejoignent, certaines en pleurs embrassent la dernière lettre chiffonnée qu'elles ont reçue de leurs fils, mobilisés dans le Nord.

Nous essayons de joindre Abel et Georges, mais en vain. L'opératrice nous explique qu'avec tous les appels prioritaires nous aurons une attente indéterminée ; nous maintenons nos préavis.

Marie-Louise se fait un sang d'encre. Elle n'est pas femme à pleurer, et c'est pire.

« Cet imbécile d'Abel, me dit-elle, aura été capable d'aller à Albert, dans la Somme, où Potez fabrique ses avions ! »

Je lui dis qu'avant que les Allemands n'arrivent sur la Somme, il leur faudra traverser la Meuse, la Sambre et je ne sais combien de canaux. Elle sourit.

L'opératrice finit par établir la communication avec le bureau d'Abel ; il est en voyage et ne reviendra que lundi. La secrétaire ne manquera pas, bien sûr, de lui dire de rappeler son épouse de toute urgence. Marie-Louise lui dit de se méfier d'attentes impossibles, mais « que madame Chirac ne s'inquiète pas », leur bureau dispose d'une ligne prioritaire !

J'ai plus de chance avec Georges : il compte passer à Sainte-Féréole dès mardi prochain ; il insiste pour me dire que ce voyage n'a aucun rapport avec toutes les informations alarmistes que je peux entendre, il avait rendez-vous aux forges de Commentry et comptait de toute façon nous embrasser après.

Il y a quelque chose de faux comme du mensonge dans sa voix, mais je n'en dis rien à Marie-Louise.

Lundi 13 mai 1940

En attendant le coup de téléphone d'Abel, Marie-Louise ne tient pas en place et nous renonçons à faire travailler les enfants. Avec Jean-François, ils vont faire une partie de ballon sur la place.

Au poste de T.S.F., le speaker annonce, optimiste, que les Allemands piétinent devant la ligne Albert.

Dès que l'armée française aura rejoint les troupes belges, elle va passer certainement à l'offensive en direction de la Ruhr.

Sur le littoral occidental, la septième armée française a déjà fait sa jonction avec l'armée néerlandaise.

Abel, enfin, est au téléphone. Il ne voit pas pourquoi Marie-Louise s'inquiète. Il comptait faire un saut à Sainte-Féréole le week-end prochain, mais il a rendez-vous sur rendez-vous au ministère de l'Air et de l'Armement, sans compter tous les autres; mais promis, juré! il viendra à Sainte-Féréole le week-end du 15 juin. En raccrochant, Marie-Louise pousse un soupir de soulagement — « C'est terrible d'avoir un caractère aussi angoissé que le mien, mais j'ai beau faire, je n'arriverai jamais à me changer! »

Elle se laisse aller à reprendre Ramonella, qu'interprète Tino Rossi à la radio; je la soupçonne de ne pas être indifférente à ce chanteur quand surgit, essoufflé, Jacky : « Maman, je viens de voir passer une Packard! » La présence d'une Packard à Sainte-Féréole nous paraît tellement insolite que nous sortons.

Sur la place, le père Vergne qui chique avec trois autres vieux ne sait pas si c'est une Packard, mais en tout cas c'était une sacrément belle voiture, puis il ajoute que c'est bizarre : depuis ce matin ils ont vu passer quatre voitures américaines, énormes, toutes immatriculées en Belgique, et il a bien l'impression que les civils belges commencent à détaler devant les Boches.

Mardi 14 mai 1940

Pour tout ce qu'elle fait pour nous, pour moi, j'ai envie d'acheter un cadeau à Marie-Louise, et je prends le premier autocar pour aller à Brives.

La ville est plus encombrée que le boulevard des Italiens un vendredi d'hiver; au volant de leurs voitures américaines, les conducteurs belges semblent perdus, et presque autant ceux du nord de la France, dans leurs guimbardes chargées de paquets mal arrimés sur le toit. Boulevard Anatole France, une foule de réfugiés avec leurs enfants se précipitent sur les éventaires de fruits, et il y a même des queues devant les boulangeries et les charcuteries.

Mon Dieu, comment Georges pourra-t-il parvenir, avec tout ce trafic, à nous rejoindre!

Je me contente de chosir pour Marie-Louise un service à thé de porcelaine de Havilland. Je n'en pouvais plus de prendre le thé dans des bols. Des bonbons aux chocolats, quelques livres pour Jean-François et Elisabeth et, pour les petits, une boîte de puzzle aux dessins du siècle dernier qui me rappellent les gravures de Gustave Doré dans mes livres d'enfance.

Nous déjeunons davantage avec la radio qu'avec les enfants; quand Jacky ou un autre veut parler, Marie-Louise les coupe d'un « laissez-moi écouter ».

Les Allemands ont surpris l'état-major par une percée des Ardennes à Sedan et ce sont sans doute des réminiscences d'histoire de France qui font évoquer à Marie-Louise le précédent de Napoléon III, et tout ce qui s'est ensuivi.

Pendant que j'étais à Brives, elle a essayé à nouveau d'appeler Abel, mais sa secrétaire, dans l'affolement général, n'a pas su où le joindre!

Au fond d'elle-même, avec tous ces événements, elle espère qu'il se sera décidé à venir la rejoindre à Sainte-Féréole.

Après le dessert, j'autorise les deux garçons à ouvrir la

boîte de puzzles, sans doute un laissé-pour-compte car ils ont été imprimés à Nuremberg. Il y a tout, Hansel et Gretel, le vaillant petit tailleur, et je ne sais pourquoi, le Juif errant qui, accablé de tous les péchés du monde, grimace horriblement.

Jacky est fasciné par ce puzzle et je dois lui expliquer la légende d'Ahasvérus, le Juif errant, qui avait été condamné à marcher pour l'éternité. Je ne sais pas trop comment, pour un enfant, édulcorer cette horrible légende.

« Et alors, madame Basset, comment fait-il pour manger s'il ne peut jamais s'arrêter de marcher ? »

Elisabeth le traite de bêta : « Voyons, c'est comme *les Bottes de sept lieues*, cela n'existe que dans les contes ! »

A l'heure du goûter, Marie-Louise convient que le thé dans des « tasses fines » a un autre goût. Elle est ravie de mon cadeau.

« Enfin, nous allons récupérer ton mari, et j'espère bien qu'il aura des nouvelles d'Abel ! »

Avec toutes les voitures de réfugiés que j'ai vues ce matin, je pense qu'il ne faut pas l'attendre pour dîner.

Devant le puzzle que lui a mélangé Elisabeth, Jacky s'énerve, accuse Michel de lui prendre ses pièces, et Marie-Louise me reproche cette idée saugrenue d'acheter un tel passe-temps à un enfant si impatient qu'il n'arrivera jamais à le reconstituer.

Après le dîner, les enfants vont guetter l'arrivée de Georges, à l'entrée du village ; passent encore des voitures de réfugiés, perdues, qui ont dû manquer, à Uzerches, la route de Tulle, et Jacky, sûr de sa science, désigne à Michel sans jamais se tromper les marques d'automobile.

A minuit, énervée par une patience que, même en trichant un peu, je n'arrive pas à réussir, je décide d'aller me coucher, mais mon inquiétude m'oblige à rester aux aguets de l'arrivée de Georges.

Mercredi 15 mai 1940

Georges a fini par arriver, mais à plus de 2 heures du matin ; je descends en peignoir pour l'étreindre de tout mon corps et de toute mon âme, mais pourquoi a-t-il donc emmené avec lui Marcelle, sa secrétaire, avec son air de trottin parisien qui se refuse à vieillir. J'avoue ne pas l'aimer, vraiment.

Marie-Louise s'est réveillée et a également enfilé un saut-de-lit pour descendre.

Comme elle est surprise de voir une étrangère, Georges ne peut que lui présenter sa secrétaire. Elle va l'aider à organiser un petit bureau de repli, dans la propriété des Chambon, qui, grâce à Abel, acceptent de lui louer une pièce avec un téléphone qui lui permettra de suivre ses affaires.

« Alors donc tu as vu Abel ! Mais pourquoi ne donne-t-il pas signe de vie ? »

Georges lui explique qu'en ce moment Henri Potez se repose entièrement sur lui, qu'il doit être partout à la fois ; il lui faut prendre des précautions pour le cas où les usines de Méaulte tomberaient aux mains des Allemands, déménager, en lieu sûr, de l'avenue Kléber toutes les études aéronautiques, et, je suppose, pendant qu'il en est encore temps, faire transférer tous les fonds disponibles en Suisse ou au Canada.

« Mais alors, nous avons perdu la guerre ! en conclut atterrée, Marie-Louise.

— Je crains que oui !

— *Auch meine liebe, alles ist weg ist wiederweg* ! pensé-je en moi-même.

— Mais qu'allons-nous devenir ! demande Marie-Louise.

— Les Allemands ont bien survécu à leur défaite de 1918 ! » Marguerite en sait quelque chose, et puis nous sommes tous en vie !

Marie-Louise sort des charcuteries du garde-manger, une bouteille de vin — « Vous savez, ici, c'est à la bonne franquette ! », déclare-t-elle à Marcelle en lui offrant une chaise.

Nous essayons de lui improviser un lit dans la salle à manger. Demain, Marie-Louise essaiera de lui procurer une chambre chez une veuve qui possède une maison à la sortie du village, et je glisse à mon amie : « J'espère en pension complète ! »

Lundi 20 mai 1940

Un peu à l'écart du village, la maison des Chambon essaye de prendre des allures de château, et les Chambon de hobereaux : en dehors des questions de fermage, ils se refusent à parler aux paysans et sont enchantés d'accueillir Georges, qui, chaque matin, en espadrilles et en pantalon toile, « va au bureau ». Mon Dieu, pour quoi y faire ? Je lui souhaite bien du courage, avec ses attentes interminables au téléphone qui ont eu raison de Marie-Louise ; après trois messages, elle a renoncé à essayer de joindre Abel.

Vendredi 24 mai 1940

Sur la route apparaissent, de plus en plus nombreuses, des voitures, en R de Paris et en Y de Seine-et-Oise, toutes avec des paquets arrimés sur les toits, et parfois même un matelas.

Devant ce spectacle, Marie-Louise me remercie encore de l'avoir convaincue avec Abel de nous enfuir il y a déjà quinze jours.

« Vous nous imaginez avec les enfants au milieu de toutes ses voitures ! »

De plus en plus d'automobiles viennent stationner sur la place, et, apercevant notre fenêtre ouverte, des femmes à la mine défaite demandent où elles peuvent se ravitailler ; il n'y a guère que le café-épicerie Dauliac, qui n'a pratiquement plus rien à vendre.

Au déjeuner, Jacky ne peut que remarquer la Studebaker

qui se gare devant la maison. Le conducteur en descend, et je gronde Jacky de le dévisager. Il s'approche de la fenêtre et nous implore, plus qu'il nous la demande, la permission de préparer un biberon pour sa petite fille.

Nous nous levons avec Marie-Louise pour lui ouvrir la porte, et je lui dis d'appeler son épouse : sa femme, avec les cheveux pris dans un lourd filet de velours, me semble être une Juive traditionnelle, comme j'en rencontrais autrefois dans le quartier de la gare à Cologne. Dans ses bras, elle porte une jolie petite fille avec des grands yeux noirs qui lui mangent la moitié du visage.

Eugénie finit de débarrasser la table, et Marie-Louise leur propose de leur préparer une omelette ; comme ils roulent depuis trois jours, en se perdant sans cesse, ils finissent par accepter.

Sans doute enhardi par le vin, ce monsieur Rosenberg ou Rosenfeld se laisse aller à nous raconter sa vie : sa fuite éperdue après les pogroms de Pologne ; son arrivée, sans un sou mais avec des cousins, à Brême, et, après la nuit de Cristal, comment il avait dû à nouveau tout abandonner pour s'enfuir ! Dieu merci, il a pu passer en Hollande, pour enfin parvenir à Anvers, cette ville bénie des Juifs !

Jacky le dévisage insolemment — « Mais alors, c'est vous le Juif errant ! »

La main de Marie-Louise reste suspendue quand ce monsieur Rosenberg attire sur ses genoux Jacky, en disant que ce petit garçon a entièrement raison.

En le voyant se resservir un verre de vin, son épouse lui dit en yiddish qu'il abuse de notre hospitalité ! C'est tellement proche de l'allemand que je lui réponds : « *Auf keinen Fall*, madame ! »

Son mari en est si surpris qu'il se met à mélanger le français avec le néerlandais et le yiddish, pour me dire qu'il espère trouver à Bordeaux un bateau en partance pour l'Argentine.

Marie-Louise l'avertit qu'il tourne le dos à Bordeaux,

qu'il lui faut retourner à Brives, pour suivre la route de Périgueux.

En se levant, il nous accable de tels remerciements que j'en suis gênée, puis, se ravisant brusquement, il me demande si par hasard je ne pourrais pas lui changer des napoléons.

Il doit me rester trois ou quatre cents francs dans ma chambre que je vais chercher, mais comme je n'ai aucune idée de la valeur des louis et des napoléons, monsieur Rossenberg me donne une poignée de pièces contre les billets que je lui tends, devant Marie-Louise qui regarde, circonspecte, l'échange.

Une fois qu'ils sont partis, Marie-Louise me traite de folle, ce Juif est peut-être un filou.

Quand Georges revient, il s'aperçoit que, sans doute par reconnaissance, ce monsieur Rosenberg m'a donné, pour quatre cents francs, cinq cents francs de louis. Une différence de cent francs qui ne m'appartient pas, et qui servira sûrement à soulager la détresse de pauvres gens.

Dimanche 26 mai 1940

Quand même, je me suis décidée à inviter hier Marcelle pour le déjeuner; elle n'est pas si mauvaise fille et même, sans doute fatiguée de lire des romans à l'eau de rose, elle aide sa logeuse au jardin. Elle tient à nous accompagner à la messe avec les enfants; elle priera pour son mari qui est au front. Jusque-là, j'ignorai qu'elle était mariée.

A cette grande messe, à part les réfugiés, aucun homme du village. Le vieux curé me semble vraiment très fatigué, et Marie-Louise me souffle à l'oreille qu'aucun jeune dans le diocèse ne veut prendre en charge une telle paroisse de mécréants et de radins.

Je sais que Marie-Louise n'ose pas parler directement à Dieu : elle a besoin de l'intercession de la Vierge pour se confier à lui ! Mais, même si elle élève Jacky en ne lui parlant que du doux enfant Jésus pour lui éviter l'image terrible de la crucifixion, elle ne l'éloigne pas de l'Eglise, et peut-être saura-t-il trouver par lui-même, plus tard, les chemins de la grâce.

De vivre dans une autre maison que la sienne semble gêner Georges, du moins dans ses habitudes : il ne peut pas supporter l'ail dans la cuisine et, pour éviter de vexer Eugénie, prétend qu'il veut profiter de ce séjour à la campagne pour s'astreindre à un régime alimentaire.

« Et alors pourquoi te bourrer de pain ? », se moque de lui Marie-Louise.

Il est horripilé par la façon de se tenir à table de Jacques, et quand il ose lui faire une remarque, Marie-Louise l'agresse aussitôt : « L'essentiel, c'est que le petit mange et même avec les doigts, je m'en fiche ! Et s'il ne met pas les mains sur la table, ce n'est quand même pas pour se tripoter ! »

Hier, Marie-Louise m'a confié qu'elle était très choquée que Georges tutoie sa secrétaire pour s'entendre répondre des grands monsieur Basset !

L'atmosphère devient tellement pénible qu'en mon for intérieur je remercie Marcelle de sa diversion : au-delà de la maison des Chambon, elle a découvert une merveilleuse clairière en bordure d'un ruisseau où les écrevisses n'attendent que de se faire pêcher. Pourquoi ne pas y organiser un pique-nique dimanche prochain ?...

Les trois garçons veulent la découvrir sur le champ. Malgré leur impatience, il leur faut attendre que Marie-Louise leur prépare leur « quatre-heures » et leur gourdes d'eau sucrée et de vin.

Elisabeth, elle, est déjà partie rejoindre son soupirant, le fils du boucher, et Marinette, pour une balade qui, je le sais, se terminera dans des rires sur le cadre de la bicyclette du fils Jobert.

Lundi 27 mai 1940

Comme toutes les femmes au bord de la crise de nerfs, Marie-Louise se lance frénétiquement dans un grand ménage. Je me réfugie dans le repassage et Eugénie dans le raccommodage.

Elle est tellement irritable que Jacky a reçu une gifle sans en comprendre la raison ; Elisabeth et Jean-François n'osent pas sortir de leur chambre.

Echaudé par sa correction, Jacky, en se balançant d'une jambe sur l'autre, demande s'il peut aller jouer dehors avec Michel... S'ils promettent de rentrer pour l'heure du déjeuner, « et tu sais qu'en ce moment je ne plaisante pas ».

Dans la désolation d'un grand ménage interrompu, Eugénie essaye de préparer le repas, et moi de mettre la table.

Aux nouvelles, à la radio, le speaker annonce que les Allemands se sont emparés d'Amiens et d'Abbeville.

« Mon Dieu, c'est le même secteur qu'Albert ! », et, laissant là son chiffon, Marie-Louise monte brusquement dans sa chambre.

Avec Eugénie, nous nous regardons consternées, supposant qu'elle veut nous dissimuler une crise de larmes.

Quand elle redescend, nous découvrons une autre Marie-Louise, coiffée, repoudrée, et qui affecte le calme pour me dire qu'à partir de demain nous referons travailler les enfants, qu'ils ont déjà perdu trop de temps.

Elle a accepté de se soumettre à son destin quel qu'il soit, et j'en suis en admiration.

Jeudi 6 juin 1940

Tous les cousins, petits-cousins, arrière-cousins des villageois ont redécouvert, pour s'y réfugier, le chemin du pays ; le village a doublé ou triplé de population, les courses deviennent un problème, et, ma chère Eugénie, nous ne mangeons plus de viande tous les jours !

Pour vivre dans la promiscuité de cette petite maison, il nous faut mettre chacune de la bonne volonté. Chaque incident prend des proportions dramatiques : une porte de garde-manger laissée entrouverte, et les mouches viennent abîmer toute la nourriture prévue pour le lendemain ; une serpillière mal rincée qui donne de mauvaises odeurs à la maison ; la bobine de fil introuvable dans la boîte à ouvrage qu'ont fouillée les enfants ; les cahiers et les livres d'école mal rangés, sans parler de la bouteille d'encre qui s'est renversée... tout est prétexte à cris et à hurlements, mais le pire, c'est la honte que lui fait subir le maréchal-ferrant, un bon bougre rougeaud et costaud comme tous les maréchaux-ferrants, qui est venu accuser Michel et Jacky d'avoir volé deux fers à cheval, dans sa forge.

Pour obtenir leurs aveux, on les a roués de coups, et, pour une fois, Marie-Louise s'est refusée au pardon qui suit d'habitude ses corrections, honteuse d'être aux yeux du village la mère d'un petit chenapan.

Elle est encore en train de maudire le ciel d'avoir un pareil fils quand le facteur lui remet une lettre en provenance de Suisse.

En reconnaissant l'écriture d'Abel, elle ose à peine ouvrir cette enveloppe qui a été postée à Genève il y a plus de quinze jours : la lettre est sur papier à en-tête de l'*Hôtel des Bergues* ; Abel lui explique qu'il y est retenu pour quelques jours, qu'avec tous les réfugiés, la vie est infernale, et qu'il a dû renoncer à lui téléphoner, impossible d'obtenir la moindre communication avec la France.

Peu importe la date ! Abel est toujours vivant et à l'abri, et il faut, à l'instant, que je l'accompagne à l'église pour allumer un cierge devant la statue de la vierge.

Vendredi 7 juin 1940

Une voiture à la carrosserie lustrée et aux chromes étincelants vient se garer devant la maison — « C'est une Cadillac ! » s'écrie incollable Jacky.

Un chauffeur ouvre la portière à un homme aux cheveux bruns et lisses, qui porte une veste impeccablement coupée de *searsucker*.

« Mon Dieu, c'est cet horrible Faraggi ! », me prévient Marie-Louise. Ce monsieur Faraggi a une tête de Levantin, au regard sournois, et je trouve parfaitement incongrus ses baisemains mondains à Sainte-Féréole.

Il est surpris qu'Abel ne soit pas là, il lui avait pourtant dit qu'il comptait passer quelques jours en Corrèze avec sa « petite famille » ; « petite famille » me paraît horriblement méprisant.

Marie-Louise regrette qu'il ait fait toute cette route pour rien : il a dû rencontrer bien des difficultés pour parvenir à Sainte-Féréole ; non, non, il n'en a rencontrée aucune, mais il arrive de Toulouse et avoue avoir éprouvé un certain plaisir à remonter à pleine vitesse les colonnes de fuyards qui roulent au pas, d'ailleurs, il bénéficie d'un ordre de mission d'état-major qui impressionne les gendarmes.

Sa suffisance me fait frissonner.

En se promenant de long en large, il observe tous les détails de la « chaumière » de son ami Abel Chirac mais, à sa place, il en changerait un peu la décoration. « Non, je n'imagine pas pouvoir vivre ici ! », et tout d'un coup, il a une idée que n'a jamais eue aucun décorateur : d'arracher cet horrible papier à fleurs, et cela aurait de l'allure de tapisser la pièce de billets de banque ! « Comme ceux-là, dit-il en exhibant une liasse de billets. Le contraste serait saisissant ! »

Ma réplique est sortie d'emblée, sans réfléchir :

« Monsieur Faraggi, serait-ce également ce papier que vous utilisez au petit coin ?

— Madame est sûrement parisienne, elle a de l'esprit.

— Madame a surtout l'esprit de vous demander de sortir. »

Assise dans un fauteuil, Marie-Louise est prise de fou rire à l'idée de raconter cette scène à Abel. Il déteste ce rastaquouère de Faraggi, mais c'est un associé de Marcel Bloch ; ce Faraggi aurait gagné une fortune en équipant toute l'armée iranienne de fusils à un prix défiant toute concurrence, mais oubliant d'y joindre les culasses. Ils les auraient fait payer à prix d'or par le shah, du moins c'est ce qu'Abel avait, plus ou moins, raconté à Marie-Louise.

Mardi 11 juin 1940

Il y a un tel remue-ménage sur la place qu'il est impossible de faire travailler les enfants : ils veulent sortir pour voir.

Ils reviennent tout excités : « Maman, les gendarmes ont fait des prisonniers ! »

Nous nous précipitons derrière eux, et nous traversons à grand mal une foule de curieux pour découvrir, menottes aux poings, des charbonniers italiens que les gendarmes sont allés chercher à l'aube, dans les bois des alentours.

Mal rasés, hagards, ces pauvres ne comprennent pas les insultes dont les accablent, non pas les paysans qui les connaissent bien, mais des réfugiés; une femme hystérique profère même des menaces de mort.

Non sans peine, nous parvenons à arracher à la foule les enfants qui se sont glissés au premier rang pour voir ce spectacle de désolation.

Devant cette détresse, Marie-Louise et moi essayons d'éveiller en eux des sentiments de compassion.

Marie-Louise tente d'expliquer à Jacky que « ces pauvres charbonniers travaillaient dur à la sueur de leur front, tout seuls au milieu des bois, pour nourrir leurs enfants, des petits garçons comme toi et Michel ! Et tu te rends compte, Jacky ! que privés de leurs pères ces petits enfants vont être affamés comme le petit Poucet et ses frères ».

Jacky ne veut pas en démordre :

« Mais maman, ce sont des Italiens !

— Eh la belle histoire ! Qu'est-ce qu'ils t'ont fait les Italiens !

— Ils nous ont déclaré la guerre, il faut tous les faire prisonniers ! »

Mon Dieu ! dans cette époque de guerre où nous vivons, comment faire pour apprendre aux enfants à s'aimer les uns les autres ? Elevés dans la haine, quels hommes vont-ils devenir ?

Jeudi 13 juin 1940

Depuis peu, des voitures de l'armée se mêlent aux voitures des réfugiés ; un camion radio vient stationner devant la maison ; le chauffeur et les deux opérateurs radio s'amusent à surprendre des communications de l'état-major, ou à rechercher des postes étrangers, pour ensuite se fixer sur Radio Andorre.

C'est la grande attraction de Sainte-Féréole, qui de toute façon aurait appris les horribles mitraillages des réfugiés sur la Loire et l'entrée des Allemands à Paris.

Les valses musettes et les tangos de Radio Andorre commencent à m'exaspérer, et, vers 10 heures du soir, pour préserver le sommeil des enfants, je me décide à demander aux soldats de bien vouloir interrompre leur concert.

Je suis surprise : malgré leur débraillé, ils sont extrêmement courtois, sans doute des élèves d'une école d'ingénieurs.

Quand je leur demande ce qu'ils attendent ici à Sainte-Féréole, le plus âgé me répond : « Comme tout le monde, la fin de la guerre. — Pour nous, c'est la vie de château ! », ajoute l'autre opérateur en désignant les couchettes de leur camion.

Il faut quand même que l'un d'eux reste de garde, pour le cas, bien improbable, ou un officier de transmission les retrouverait.

Ils sont si sympathiques que je demande à Georges de leur porter une bouteille de vin.

Il fait chaud, j'ai du mal à m'endormir en pensant à ces jeunes gens, presque des enfants, dans leur camion radio.

Comment les hommes peuvent-ils accepter leur servitude militaire ! Mais s'ils n'ont pas eu la grandeur de la refuser en se mettant au-dessus de la mêlée, leur devoir les oblige à se battre.

En pensant à toute cette détresse, cette désolation, tous ces morts, j'ai de plus en plus d'admiration pour le Danemark de s'être laissé envahir par les Allemands sans même tirer un coup de feu ; il faut dire que depuis la guerre des duchés, où le Danemark a perdu le Schleswig-Holsteim, ce peuple de luthériens a su méditer *l'Ecclésiaste* !

Samedi 15 juin 1940

Une voiture de l'armée vient se garer sur la place. En sort un officier qui doit être d'un grade élevé, il porte quatre ou cinq galons sur son épaulette ; je l'observe de la fenêtre de ma chambre : quand il s'adresse aux opérateurs de radio, ceux-ci ne jugent même pas bon de se mettre au garde-à-vous.

Quand je le vois frapper à la porte de la maison, je descends avec Marie-Louise.

Il y a de la veulerie dans le visage de cet officier qui nous demande s'il a une chance, même à prix fort, de pouvoir trouver de l'essence dans un garage de la région ; il lui faut absolument gagner le Vaucluse, où s'est réfugiée sa famille, puis il se met à agiter les bras, à gesticuler, à danser sur lui-même, en braillant que les Allemands sont déjà à Bourges, à Châteauroux, qu'ils sont partout et ne vont pas tarder à arriver !

Quand je lui demande ce qu'il a fait de ses hommes, il bredouille que, dans le désordre de la retraite, il les a abandonnés sous le feu des Allemands.

La gifle que je lui assène est instinctive.

Il sort à reculons, en tenant sa joue, et en s'excusant comme un enfant :

« Mais madame, les Allemands n'arrêtaient pas de me tirer dessus !

— Alors toi, tu ne manques pas de culot ! Tu sais que

c'est un colonel que tu as giflé, et mon Dieu, quelle gifle ! », me dit encore toute surprise Marie-Louise.

Il n'y a que le mauvais berger qui abandonne son troupeau !

Lundi 17 juin 1940

Depuis plusieurs jours, mais particulièrement depuis hier quand la T.S.F. a annoncé la démission de Paul Reynaud et la nomination du maréchal Pétain à la tête du nouveau gouvernement, la défaite paraît de plus en plus inexorable.

Comment pourrait-il en être autrement ! Le gouvernement en fuite à Bordeaux ne dirige plus qu'une république de fuyards.

A la demande du maire, le garde champêtre a convoqué toute la population pour écouter autour du monument aux morts l'allocution du maréchal Pétain. On a disposé, à cet effet, des hauts parleurs qui jusqu'ici n'avaient servi qu'à la fête patronale.

Tout le village est là, endimanché, nous aussi ; les femmes se sont coiffées de leurs petits chapeaux de paille noire des grandes occasions, et les vieux ont mis leur unique costume qui ne sert qu'aux enterrements.

Loin de l'emphase politique, le maréchal sait employer des mots simples de grand-père qui s'adresserait à ses petits-enfants : « C'est le cœur serré que je vous dis aujourd'hui qu'il faut cesser le combat... »

Les femmes pleurent, les hommes retiennent leurs larmes.

C'est la première fois que je surprends Marie-Louise en train de pleurer, et pour me dissimuler ses larmes, elle prend Jacky dans ses bras. Maintenant, derrière les cheveux de son fils, elle se force à m'esquisser un sourire.

Comment peut-on, après ce discours, oser jouer une *Marseillaise* aux accents vainqueurs et vengeurs, totalement déplacée.

Les femmes, émues, s'embrassent entre elles ; elles

pensent toutes, en espérant qu'ils aient été épargnés, à leurs maris ou à leurs fils qui vont bientôt revenir.

Les vieux sont plus circonspects, le maréchal ne tient pas encore son armistice, mais c'est un dur à cuire, il ne se laissera pas manger comme cela par les Boches.

Quand ils évoquent la gloire du vainqueur de Verdun, je ne peux m'empêcher de penser au vainqueur de Tannenberg, cet autre maréchal, von Hiddenburg, qui en se soumettant à l'armistice de Compiègne a précipité l'Allemagne dans le désordre, la guerre civile et la misère... Je n'arrive pas à concevoir qu'un militaire puisse être un homme providentiel. Qu'allons-nous devenir?

Samedi 22 juin 1940

Tout le monde est dans l'incertitude de la signature de l'armistice, et les vieux craignent que les hommes du village ne soient pas démobilisés avant les moissons.

Les Allemands viennent d'occuper Lyon, et je me demande si la France ne va pas bientôt se réduire au plateau des Millevaches, comme le petit royaume de Bourges pendant la guerre de Cent Ans.

Les rumeurs et les bobards courent dans tout le village. Les Allemands auraient transformé Paris en un immense Luna Park, et toutes les Parisiennes devraient se soumettre aux caprices des vainqueurs; les communistes, qui ont accueilli comme des libérateurs les troupes allemandes, gouverneraient la mairie de Paris, et tous les Juifs seraient astreints aux travaux forcés.

Pour nous éloigner de ce climat malsain et morbide, nous pique-niquons, chaque jour, dans la clairière qu'a découverte Marcelle au bord du ruisseau.

Comme tous les enfants du monde, les garçons s'amusent à y édifier des barrages.

La nature paraît vraiment hostile à cette fille de la campagne qu'est pourtant Marie-Louise, à croire que dans son enfance elle n'a jamais été plus loin que la cour de son école.

En dehors du fait qu'il faille se méfier, avec tous ces réfugiés, des maraudeurs dans les bois qui nous entourent, elle craint particulièrement les vipères qui se dissimulent, prêtes à mordre, derrière chaque éboulis de cailloux. Si elle entend mugir un taureau, c'est que, rendu fou par une vache en chaleur, il est capable d'encorner tout sur son passage, sans parler des ronces et des orties. Mais le pire, ce sont les taons, et quelle idée de laisser les enfants s'éclabousser : rien de tel pour attirer les taons qu'une peau humide d'enfant; elle n'arrête pas de les chasser avec des grands moulinets de serviette et, quand elle en écrase un, bien gorgé de sang, elle triomphe.

Chaque soir, nous revenons avec des bras rouges de paysannes, une bonne fatigue, et notre cueillette de mûres.

Aux nouvelles du soir, la T.S.F. annonce que l'armistice a été enfin signé à Compiègne — « Qu'elle finisse comme on voudra, cette guerre, mais qu'elle finisse », soupire Marie-Louise qui ira demain, pour la remercier, allumer un cierge à la Vierge.

Plus laconique, Georges pense que les grandes vacances s'achèvent, que maintenant le temps des épreuves arrive.

Mardi 25 juin 1940

Dans son allocution, le maréchal Pétain sait encore trouver des mots simples qui vont droit au cœur : « Dix millions de Français rejoignant un million et demi de Belges se sont précipités, à l'arrière de notre front, dans des conditions de désordre et de misère indescriptibles... »

En fait, il demande à tous ces réfugiés, dont nous faisons partie, de regagner en ordre leurs foyers, et le speaker annonce que des bons d'essence seront distribués dans les mairies, et qu'une carte-lettre interzone permettra aux familles dispersées d'avoir des nouvelles les unes des autres.

Mardi 3 juillet 1940

Marie-Louise est la première du village à recevoir ces fameuses cartes interzones ; sur un carton jaunâtre y est imprimé l'instantané de la vie de l'éditeur qui doit biffer les mentions inutiles, « en bonne santé », « malade », « décédé » ; une seule ligne de correspondance y est prévue et Abel a dû en envoyer deux pour lui écrire en style télégraphique qu'elle doit prendre avec Jacky le train de Toulon pour y rejoindre les Potez au Rayol. Il précise leur adresse et leur numéro de téléphone.

Georges l'accompagne à la gare de Brives pour tenter de prendre ses billets. Règne un désordre indescriptible ; tout est désorganisé, et l'employé du chemin de fer lui dit que la seule chose à faire c'est de prendre sa chance en montant dans un train, « et puis après, vous verrez bien » ; de toute façon, impossible de savoir quand les trains partent et quand ils arrivent, et avec deux changements à Toulouse et à Marseille, il lui souhaite bien du plaisir ! En tout cas, qu'elle évite de prendre des bagages, en dehors d'une couverture et de provisions.

Prendre dans ces conditions le train avec Jacky ! Elle préfère attendre un peu, le temps que la première vague de réfugiés se soit résorbée.

J'aurais aimé pourtant qu'elle parte avant nous ; je suis pleine d'une tristesse indicible de la laisser seule avec Jacky. Georges a décidé que nous regagnerons Paris demain, à l'aube.

Pendant le dîner, les enfants sont couchés, Marie-Louise et moi touchons à peine à cette poule au pot farcie que nous a préparée Eugénie pour donner un peu de solennité à ce repas d'adieu ; l'immensité de notre chagrin est à la mesure de celle de notre amitié qui n'a fait que se renforcer, au fil des jours, à Sainte-Féréole.

Par pudeur, je ne peux exprimer mon chagrin, et réserve mes larmes pour aller embrasser Jacky dans son premier sommeil. Mon Dieu, comme je me suis attachée à ce petit garçon coléreux et impatient, mais tellement spontané !

Mercredi 4 juillet 1940

La voiture est surchargée, Marcelle s'installe derrière avec les enfants encore tout somnolents. Il est 5 heures du matin, cette brave Eugénie s'est réveillée pour nous donner un panier de provisions ; pour elle, en regagnant Paris occupé, nous allons tout droit en enfer.

Après m'avoir remis une longue lettre pour Abel qu'elle a passé la nuit à écrire, Marie-Louise, les yeux gonflés, se contente de nous dire : « Celui qui va être vraiment triste, c'est Jacky quand il se réveillera ! »

Pour économiser l'essence, Georges roule lentement, mais nous dépassons quand même quelques voitures brinquebalantes, immatriculées à Paris ou dans le Nord.

Comme nous atteignons le poste frontière de la ligne de démarcation, mon cœur bat très fort.

Un soldat français sort d'une guérite improvisée et se contente de jeter un regard désabusé sur le laissez-passer de Georges, avant de lever la barrière.

Devant nous, sur une hauteur, au-dessus des baraquements blancs, flotte cet abominable drapeau à croix gammée qui me fait frissonner.

Georges roule au pas, sans dire un mot, et je sens derrière moi l'inquiétude s'emparer de Marcelle.

Bronzés, avec leurs allures sportives, les soldats allemands me paraissent dangereusement beaux, particulièrement celui qui nous contrôle. Il parle couramment français.

En examinant le laissez-passer de Georges, il remarque qu'il est de la classe treize, et lui demande s'il a combattu à Verdun. Georges, surpris, acquiesce, et nous sommes étonnés quand ce soldat nous fait part de son admiration pour tous les anciens de Verdun, des héros qui devraient servir de modèle à toute la jeune génération ! pour ensuite nous faire signe de passer.

Mon héros en tout cas s'empresse de s'arrêter au premier estaminet, au croisement d'une route, soi-disant pour que les enfants se dégourdissent, mais surtout pour boire d'un trait deux verres de l'unique bouteille de cognac du comptoir.

Nous reprenons au travers de la Sologne la même route que nous avions prise avec les Chirac il y a maintenant trois mois. Trois mois qui ont suffit à anéantir un pays, mais comme le dit *l'Ecclésiaste*, la terre subsistera toujours, et le soleil continuera de se lever et de se coucher !

Le pont sur la Loire à Orléans est détruit, et nous empruntons un passage provisoire qui n'est praticable que sur une seule voie. Pour la première fois, je peux découvrir les horreurs de la guerre, la ville est entièrement dévastée.

Tous les volets de l'immeuble de Neuilly sont fermés, il ne reste plus que la concierge qui s'étonne de nous revoir ; toute satisfaite d'elle-même, elle se félicite encore de n'être pas partie en évacuation. Tout s'est finalement bien passé à Paris ; forcément, ce n'est pas agréable de voir tous ces Allemands déambuler dans les rues, mais ils sont très corrects. Son mari, qui est agent de police, n'a pas à s'en plaindre !

Non, les vrais problèmes sont le ravitaillement — il y a à peine une boulangerie sur cinq d'ouverte —, l'interruption quasi totale du métro, et surtout la coupure du gaz. Mais elle se souvient que j'ai une cuisinière à bois, et me fera livrer du combustible dès demain, par le bougnat, qui lui non plus n'est pas parti.

Avec ses housses et ses odeurs de renfermé, je n'éprouve aucun plaisir à retrouver mon appartement, mais les enfants, eux, se précipitent dans leurs chambres pour redécouvrir des livres et des jouets qu'ils avaient oubliés.

Mon premier coup de téléphone est pour rassurer Abel, et nous convenons de nous voir demain à déjeuner.

Jeudi 5 juillet 1940

Nous nous retrouvons à *la Truffe noire*, rue de Sablonville, qui, grâce à son antique cuisinière à charbon, est le seul restaurant de Neuilly à être resté ouvert.

Abel s'émerveille de la mine des enfants et de celle de Georges ; il est impatient d'avoir des nouvelles de Marie-Louise, surtout de Jacques, et il me demande de tout raconter, comment ils ont vécu leur abandon forcé. Lui aussi a connu bien des nuits d'inquiétude en pensant à eux.

Je ne demande qu'à tout lui raconter, mais le « tout raconter » oublie souvent l'essentiel pour des détails ; mes anecdotes sur Sainte-Féréole le font sourire, « à croire que, Marguerite, tu y es née ».

J'évoque les inquiétudes de Marie-Louise qui l'imaginait pris dans ces colonnes de réfugiés que l'aviation italienne a mitraillées ; alors Abel est pris d'un petit rire en m'assurant qu'on accusait à tort les Italiens : aucun de leurs avions en décollant de Turin n'aurait eu assez d'autonomie pour survoler la Loire. C'étaient bêtement des avions français montés par des équipages allemands, et, pour ne pas perdre la face, la propagande française avait fait endosser aux Italiens ces mitraillages ; entre une cocarde bleu-blanc-rouge et une cocarde vert-blanc-rouge, il n'y a pas une grande différence !

Quand je me lance dans le rapprochement du maréchal Pétain, vainqueur de Verdun, et du maréchal Hindenburg, le vainqueur de Tannenberg, il se moque gentiment de moi. A part le fait qu'ils soient maréchaux tous les deux, ils n'ont rien à voir ensemble : d'abord, il n'y a rien de comparable entre le Reischwehr d'alors et les débris de l'armée française d'aujourd'hui : Hindenburg a longtemps temporisé avant d'accepter des responsabilités politiques, tandis que le maréchal Pétain a tout de suite accepté d'assumer la défaite.

En lui accordant son investiture, la chambre savait bien qu'il était le seul à pouvoir sauver ce qui pouvait être sauvé, et surtout à préserver la paix civile ; avec des Mandel ou des Reynaud, les Français s'entredéchireraient aujourd'hui devant les Allemands.

On lui a promis qu'il aurait cet après-midi son laissez-passer pour la zone libre. Il en est tellement certain qu'il a retenu une couchette pour le train de nuit au P.L.M.

Après cette séparation dramatique, il aimerait arriver le premier au Rayol pour accueillir Marie-Louise, qui a toujours été un peu effarouchée par les Potez.

Mais que va-t-il faire au Rayol ?

Henry Potez a décidé de s'y retirer avec lui au calme, le temps de voir comment vont évoluer les événements... *wait and see* ?

Que peut faire d'autre un constructeur d'avions qui n'a vraiment aucune intention de travailler pour la Luftwaffe de monsieur Goering ? Avenue Kléber, ils ne trouveront rien, tout a été enlevé, et les usines de Méaulte, après tout, depuis la nationalisation, appartiennent à l'Etat français, et il s'en fout comme d'une guigne.

Quand je lui dis que Jacky le réclamait sans cesse, il me répond que bientôt il va se plaindre d'avoir sans cesse son père sur le dos.

Avant que nous rentrions à Pontoise, Georges, c'est encore une de ses lubies, tient absolument à ce que j'achète toutes les savonnettes que je peux trouver dans les parfumeries encore ouvertes et, bien sûr, dans les bureaux de tabac les cigarettes blondes qui peuvent rester en magasin.

Laissant Elisabeth raccompagner ses frères à l'appartement, je me décide à prendre le métro. Il fonctionne au ralenti, mais fonctionne ; je descends à la Concorde, et quand j'aperçois cet abominable drapeau à croix gammée flottant sur le ministère de la Marine, j'ai un choc.

La rue Royale est quasiment vide, pas un taxi, pas un autobus, pas une voiture particulière. Un agent de police règle une circulation inexistante, pour quelques cyclistes qui ont la rue à eux.

Sur la chaussée déambulent quelques civils français et des soldats allemands.

La multitude des panneaux indicateurs en lettres gothiques, noires sur fond blanc rappelle douloureusement, à chaque carrefour, l'occupation allemande.

Dans les deux premières parfumeries, des vendeuses empressées de servir des soldats allemands consentent à peine à me vendre trois savonnettes. Il en faut pour toutes les clientes.

Dans la troisième, une vendeuse baragouine allemand en gloussant pour servir deux jeunes officiers de la Luftwaffe ; ils n'en finissent pas, hésitant entre les parfums et les eaux de toilette qu'ils veulent rapporter à leurs fiancées.

Une fois sortie, encombrée de paquet, je me décide à jouer à l'Allemande. Avec moi, la vendeuse continue à baragouiner, mais sans glousser, ce qui me vaut tout un lot de savonnettes, surtout de savon à raser Fougère d'Houbigant qu'affectionne Georges.

Vendredi 6 juillet 1940

Les sapeurs français ont fait sauter le pont de Pontoise, et nous devons prendre un bac pour traverser l'Oise.

Des artilleurs français, qui croyaient canonner des Allemands imaginaires, n'ont réussi qu'à détruire, dans le bas de la ville, l'hospice de Saint-Louis, un admirable monument gothique dont la noblesse paraissait pouvoir défier des guerres et des révolutions ; la ville, meurtrie, blessée, semble avoir perdu son âme.

Elle paraît déserte, à peine si l'on entend au loin un détachement allemand chanter *Rosemarie* pour donner une cadence à sa marche.

La maison est épargnée, indemne. Les jardins croulent sous une avalanche de fleurs désordonnées, et les gazons ne sont plus qu'un fouillis d'herbage, mais notre plus grande surprise, c'est derrière la maison : avant de s'enfuir dieu sait où, Henriette a eu l'intelligence d'ouvrir la porte du poulailler et des clapiers ; les poules sont allées se nicher dans les arbres fruitiers, et, retrouvant leur instinct, mes lapins de choux ont creusé toute une galerie de terriers.

L'armistice de 1918 avait été imposé à une population allemande déjà affamée par le blocus allié, au début d'un hiver rigoureux. Nous, au moins, nous avons la chance relative d'avoir devant nous un été et un automne qui nous donneront le temps de nous organiser.

Samedi 22 février 1941

Abel est à Paris pour affaires et nous fait la joie de s'inviter pour le week-end à Pontoise ; de Marie-Louise, je n'ai reçu que trois ou quatre cartes d'interzone qui nous accordent maintenant quand même trois lignes pour la correspondance. Tout pour elle a l'air d'aller bien, je n'en sais pas plus.

C'est un véritable mur qui sépare la France en deux et, faute de pouvoir correspondre avec Marie-Louise, je m'adresse souvent à elle en rédigeant mon journal intime.

Pour rattraper son année perdue, comme elle l'avait prévu, j'ai dû mettre Michel comme pensionnaire chez les oratoriens, et, ma chère Marie-Louise ! j'ai quand même inscrit Elisabeth au collège municipal ! Avec Jean-François, il n'y a aucun problème.

D'assurer une survie convenable aux enfants absorbe tout mon temps, et je ne sais s'ils se rendent compte à quel point ils sont privilégiés.

Les arbres fruitiers ont donné une telle récolte que j'ai une armoire pleine de confitures, et j'ai transformé le jardin du haut en potager.

La campagne est à la sortie de Pontoise, et même, dans Pontoise, et j'envoie les enfants chaque soir chercher le lait à la ferme des Leguet, qui est à deux pas de la maison.

Mon marché noir domestique se résume à la viande, et malgré cet hiver particulièrement rigoureux, grâce à des mélanges de charbon, de papier humide et de bois, cette immense maison peut être à peu près chauffée ; treize degrés qui nécessitent quand même d'allumer des feux dans les deux pièces uniques où nous vivons : la petite salle à manger et le salon.

Avec le printemps qui arrive, je vais me remettre à

bêcher, à biner, à retourner la terre, mais pour l'instant, au coin du feu, je couds, je reprise, je ravaude. J'ai adopté, somme toute, une vie de maîtresse de maison du siècle dernier ; mon seul luxe est de continuer à consacrer au moins une heure par jour à mon piano, et surtout, d'essayer d'aider les plus défavorisés que moi, particulièrement une famille de cinq enfants dont le père est prisonnier. Je le fais en cachette de Georges, qui est d'un épouvantable égoïsme.

J'espère bien que le rire sonore d'Abel va apporter un peu de joie dans cette vie terne et répétitive que j'ai en ce moment.

Avec sa marinade, la terrine de lapin que je lui ai préparée m'a demandé deux jours de soin, et j'ai pu obtenir du boucher, le père Ducastel, une somptueuse pièce de bœuf que je servirai comme en Normandie, accompagnée d'une sauce à la crème relevée de calvados.

Georges est passé prendre Abel à Paris dans sa petite Simca, et quand ils arrivent, je ne peux m'empêcher de rire à voir tous les efforts d'Abel pour parvenir à extirper son grand corps de cette minuscule voiture.

Par les temps qui courent, « une petite voiture comme celle-ci vaut mieux qu'une Rolls avant guerre ! Ce ne sont plus les chevaux qui comptent, mais l'*Ausweiss* ! »

Je lui fais les honneurs de sa chambre, il s'extasie devant la flambée puis me remet une enveloppe lourde de trois pages et de photos : « Je ne sais pas ce qu'elle te raconte, mais tu peux te vanter ! Jamais Marie-Louise ne m'a écrit une si longue lettre !

Quand nous redescendons dans le petit salon, Georges débouche une bouteille de chablis, et les enfants se précipitent pour aller embrasser Abel, qu'ils considèrent comme un oncle.

En humant son verre, il prend des yeux rieurs pour nous annoncer tout de go qu'il a décidé de changer de prénom ; maintenant, tenez-le vous pour dit, je m'appelle François.

Avec Georges, nous le regardons interloqués.

Il nous explique que jamais il ne s'était senti bien à l'aise avec ce prénom d'Abel qui lui avait valu dès l'enfance des quolibets, mais que, en ce moment, porter un pareil prénom, c'était comme s'il avait porté une étoile juive, et qu'il en avait eu par-dessus la tête de voir les gens se retourner à chaque fois que Marie-Louise l'appelait dans la rue, et des petits sourires en coin quand il devait décliner son identité.

A table, il s'émerveille devant ma cuisine; cela fait très longtemps qu'il n'a pas mangé un tel repas. Dans le Midi, les problèmes de ravitaillement sont terribles, ce n'est pas même une question d'argent, il n'y a rien.

La Côte d'Azur n'était pas préparée à recevoir des milliers de réfugiés qui, pour la plupart juifs, attendent je ne sais quoi, d'ailleurs comme Henry Potez et lui-même.

La situation lui semble devenir de plus en plus dramatique..., et si Hitler avait définitivement gagné la partie? Enfin, tout dépendra des prochaines élections américaines. Si Roosevelt est réélu, les Etats-Unis à coup sûr interviendront, et c'est vraisemblablement le secret du maréchal qui entretient sans nul doute des rapports privilégiés avec l'amiral Leahy, l'ambassadeur américain.

Heureusement que nous avons le maréchal. Sans lui, le pays serait la proie d'agitateurs qui, comme Constantini à Marseille, paradent en uniforme nazi, prêts à lâcher leurs chiens contre les Juifs et la ploutocratie.

Devant moi, Abel se montre particulièrement fier de ses progrès en allemand, comme la plupart des Français d'aujourd'hui qui en avaient oublié jusqu'aux notions apprises au lycée. Il s'est remis à l'étude de l'allemand.

Possédant un accent tonique, les Méridionaux ont plus de facilités à le prononcer que les Parisiens, mais Abel, je veux dire François, n'arrive pas à dominer les auxiliaires de mode.

J'ai un mal fou à l'appeler François, et, à chaque fois qu'un Abel m'échappe, il me dit qu'il va finir par me mettre à l'amende de dix sous, comme Marie-Louise.

François, donc! repart par le train demain à 5 heures, et il faut absolument que je réponde à la longue lettre de Marie-Louise.

Elle me raconte son voyage épique à Toulon : les deux journées entières qu'elle a passées dans les trains bondés, le changement de Toulouse, où elle a dû coucher à même le sol de la gare avec Jacky, et leur arrivée à Toulon, où enfin Abel l'attendait, « je veux dire, me précise-t-elle, François, car il a décidé de changer de prénom ».

Enfin, François lui avait donné des nouvelles toutes fraîches des enfants et de moi puisque nous avions déjeuné ensemble à Neuilly.

Elle ne sait pas si, moi aussi, je rencontre des difficultés de ravitaillement, mais au Rayol, c'est devenu impossible. Jusqu'à la fin octobre, on pouvait encore acheter un peu de légumes et de poisson, mais cet hiver, cela a été atroce.

Obligée de faire la cuisine à l'huile, elle rêve de beurre et de crème fraîche, mais comme je peux le constater sur les photos, Jacky se porte comme un charme.

Le Rayol a beau être un village de millionnaires, c'est quand même un village. Jacky peut y gambader en toute liberté comme à Sainte-Féréole avec ses nouveaux petits compagnons d'école communale ; il les préfère de beaucoup aux trois enfants Potez, Dieu merci ! Elle ne tient pas à entretenir une trop grande intimité avec le patron de son mari !

Sur ces photos, Jacky me paraît être devenu un véritable petit garçon ; il a conservé ses lèvres boudeuses d'enfant gâté, mais je crois déceler dans son regard une effronterie que je ne lui connaissais pas.

L'armistice avait coupé la France en deux entre la zone libre où se sont installés, au Rayol, les Chirac et la zone occupée que mes parents avaient regagnée.

La ligne de démarcation qui séparait la zone n'était pas le rideau de fer, mais une frontière tout aussi infranchissable.

Impossible de correspondre autrement que par carte interzone — la censure allemande n'y accordait plus qu'un espace de correspondance de deux lignes —, le téléphone n'en parlons pas !

D'après le journal intime de ma mère, je me suis aperçu qu'elle eut beaucoup de mal à vivre cette séparation forcée ; la nostalgie de Marie-Louise y est présente à presque chaque page de son journal de l'époque.

Elle ne se retrouvèrent qu'en 1944. La guerre n'était pas encore finie.

*A Paris, la crise du logement était telle que les Chirac durent s'installer provisoirement à Saint-Cloud, et les difficultés de transport à l'époque les empêchaient de reprendre leurs relations presque quotidiennes d'avant guerre, dont elles retrouvèrent l'habitude sitôt que les Chirac purent emménager dans le VIII*e *arrondissement.*

Jeudi 7 septembre 1944

Marie-Louise revient la semaine prochaine à Paris, en fait à Saint-Cloud, où elle s'installe provisoirement car il a été impossible à François de trouver un appartement à louer à Paris.

La guerre n'est pas terminée, mais elle s'est éloignée à l'est, jusqu'à la reddition inéluctable de l'Allemagne ; comment, sans aucun espoir, ce pauvre peuple allemand peut-il accepter de souffrir autant ?

D'après les journaux, les bombardements que subissent les Allemands n'ont rien à voir avec ceux que nous avons subis à Pontoise, et pourtant les avions américains, sans parvenir à atteindre les ponts sur l'Oise, ont dévasté les quartiers du bas de la ville, en faisant des dizaines de victimes.

A Pontoise, la libération n'a rien eu d'héroïque : un *feldwebel* et six réservistes constituaient en tout et pour tout la garnison de la ville, et pour maintenir le calme dans la population, ils avaient fait parcourir les rues de Pontoise à leur unique camion pour distribuer à la population des stocks de cigarettes de la ferme au tabac ; trois jours après, les Américains en firent autant et les cloches de Saint-Maclou se mirent à sonner le *Te Deum*.

Pour satisfaire la vindicte populaire, on livra à un coiffeur qui portait un brassard de F.F.I. quelques pauvres filles à la tonte, puis, peu à peu, le calme revint.

Au lieu d'être joyeuse, cette libération me paraît révéler en plein jour toutes sortes de misères que la guerre dissimulait : des gens qui ont faim, les mal-logés, les mal-vêtus, les sans-ressources. Mon Dieu ! comment vont-ils pouvoir passer l'hiver qui approche ? J'ai réussi à faire inscrire à Saint-Martin Roland et Bernard, les deux aînés de la famille dont je m'occupe, en faisant croire à leur mère que j'avais obtenu pour eux une bourse. Je peux les habiller correctement avec les vieux vêtements de Jean-François et Michel, leur apporter une ou deux fois par semaine un panier de nourriture, mais quelle goutte d'eau dans cette océan de misère qui nous entoure !...

Tant que la guerre n'est pas encore finie, je n'ai pas tellement envie de revenir habiter Neuilly, mais Georges insiste. Après tout, Jean-François rentre en faculté de médecine, Elisabeth prépare une licence d'allemand et Michel est pensionnaire.

Je me décide à confier la maison à Belinda Zaba, une Russe dont la maison a été détruite par les bombardements.

Avec son visage poupin et sa peau de jeune fille, Belinda Zaba est une créature d'un autre monde ; elle a conservé le même port altier qu'elle devait avoir à la cour de la tsarine avant son exil aux Etats-Unis, où elle a été la gouvernante d'une famille milliardaire américaine, les Forbes, qui, par reconnaissance, ont trouvé le moyen de lui faire parvenir, via la Suisse, même pendant la guerre, sa pension.

Pourquoi a-t-elle échoué à Pontoise, je n'en sais rien, mais tous les albums de croisière qu'elle a fait en accompagnant les enfants Forbes passionnent Michel, qui voit en elle la grand-mère qu'il n'a jamais eue.

Lundi 9 septembre 1944

J'aurais eu mille fois raison de rester à Pontoise. L'appartement ne comporte que deux conduits de cheminée : l'un dans la cuisine qui, dieu merci ! avec les coupures de gaz me permet d'avoir une cuisinière au charbon, et l'autre dans ma chambre, où j'ai installé un poêle. Nous campons comme des rats autour de cette pauvre source de chaleur. Les coupures d'électricité sont continuelles, et nous devons avoir recours, avec toute la famille, à une lampe à essence à manchon.

Pour préparer un bain, il faut procéder à un va-et-vient de marmites ; les lessives, je n'en parle même pas, et pour les courses, il faut se soumettre à l'odieux marché noir de commerçants mielleux.

Pour Marie-Louise, à Saint-Cloud, c'est pire, elle n'y connaît personne.

Aller de Neuilly à Saint-Cloud, c'est s'exposer à des tribulations d'une journée entière dans des trains bondés et des autobus incertains, et, faute de pouvoir nous rencontrer, nous nous téléphonons des heures durant.

Marie-Louise est exaspérée. Sans moyen de transport, elle se sent abandonnée, perdue, et Jacky, après quatre années d'insouciance au Rayol, supporte encore plus difficilement qu'elle ce changement et la discipline du lycée.

Ses résultats scolaires sont si déplorables qu'elle craint,

s'il n'y met pas du sien, qu'il doive redoubler sa cinquième. Enfin, il n'en est qu'au premier trimestre, mais son père est furieux.

Samedi 16 juin 1945

Depuis la victoire, je dois reconnaître, l'approche de l'été aidant sans doute, que Paris me semble en fête; les gens dans la rue ont retrouvé une gaieté et une amabilité qu'ils avaient perdues depuis longtemps.

Pour le déjeuner que nous avons convenu, les Chirac arrivent tout enjoués; Jacky me semble bizarrement intimidé, et Michel emprunté dans son premier costume de flanelle à pantalon long.

Nous somme tous épanouis : Georges a enfin retrouvé ses Lucky Strike, moi, un gigot pré-salé, et François, finalement, un appartement dans le XVIIIe; Marie-Louise nage dans le bonheur, mais ils n'y emménageront qu'à la fin de l'année scolaire.

François me dit sur un ton de plaisanterie : « Il paraît que nous avons gagné la guerre ! », mais au regard de son fils, il se reprend pour se lancer dans le panégyrique d'un certain général Brosset, un héros qui à la tête de l'armée française a libéré le Rayol, pour ensuite poursuivre sa marche triomphale jusqu'en Alsace, où il a trouvé bêtement la mort dans un accident de voiture.

Quand Jacky, d'une voix tremblante d'émotion, me dit que ce général est venu coucher et dîner chez ses parents, après la libération du Rayol, et qu'il lui a même donné une tablette de chocolat, je comprends que ses douze ans en ont fait un tel héros que son père devant lui ne peut se permettre de plaisanter sur la gloire de l'armée française.

Comme presque tous les petits garçons, il a encore des petits soldats de plomb plein la tête !

Peut-être à cause des nouveaux pantalons longs de Michel, la différence d'âge entre les deux garçons me paraît bien plus importante qu'un an et demi ; Michel, maintenant, se prend pour un littéraire. Il dévore *les Faux Monnayeurs* d'André Gide. Je ne sais si c'est par goût profond ou par snobisme infantile, pour épater ses camarades de pension.

Jean-Paul, « le fiancé » d'Elisabeth, est à Chaumont, en Vexin, chez ses parents, et elle accepte d'emmener les garçons faire un tour de barque sur le lac du bois de Boulogne.

Je ne sais pourquoi ma fille s'est entichée de ce garçon auquel je ne reproche rien, mais dont je n'aime pas du tout la famille. La mère est l'héritière d'un antiquaire juif autrichien sans scrupule qui a pillé tous les châteaux de France, et son père un homme de marché noir.

Une fois les enfants partis, François me chine : « Que veux-tu, Marguerite ! la nature des enfants est avant tout païenne, et ils ont besoin de héros ! Ce général Brosset marquera à jamais Jacky ! », et il me confie que ce général d'à peine quarante ans à l'allure si juvénile ne pouvait que marquer Jacky. C'était un entraîneur d'hommes, qui avait tout pour séduire un petit garçon qui avait confusément ressenti la honte de l'occupation ; le plus grand trésor de Jacky était l'insigne de cette première armée française, et les photos de son héros qu'il cache dans son tiroir.

Des héros ! Des nouveaux héros, il y en a plein les rues et les journaux. Et s'ils n'avaient été engendrés que pour faire oublier aux gens leur pusillanimité, comme celle d'un Claudel ou d'un Mauriac, qui, après avoir déifié le maréchal, sanctifiait maintenant le général de Gaulle ?... Seul, comme Romain Rolland, Georges Bernanos aura su, en s'exilant au Brésil, se mettre au-dessus de la mêlée.

Lundi 10 septembre 1945

Marie-Louise tient à ce que je sois la première à prendre le thé dans son appartement de la rue Frédéric Bastiat, une petite rue calme du quartier du Roule que je ne connaissais pas.

Elle est au dernier étage d'un immeuble bourgeois, très clair, et de son balcon, on peut voir les jardins de la résidence de l'ambassadeur du Canada.

Meublé n'importe comment, il donne une impression radieuse de bohème où, après ce cauchemar de Saint-Cloud, Marie-Louise s'épanouit d'autant plus qu'Abel, je veux dire François, est parvenu à faire inscrire Jacky en quatrième, au lycée Carnot boulevard Malesherbes. « Ce n'est pas si près d'ici », me prévient Marie-Louise, qui me propose d'y aller en promenade avec Jacky. Une fois de plus, elle a tellement peur que le petit ne se perde dans Paris...

A chaque fois que je traverse le parc Monceau, j'ai l'impression de pénétrer dans un tableau d'Hubert Robert. Au milieu de tous ces petits enfants un peu trop raffinés, presque proustiens, la fine fleur de la haute bourgeoisie et de l'aristocratie, qui jouent sous le regard de leur nurse, Jacky m'apparaît comme un petit paysan farouche et méfiant. Quand nous arrivons devant les bâtisses du lycée Carnot, boulevard Malesherbes, Marie-Louise le réconforte : « C'est là où, j'en suis certaine, tu vas te faire plein de petits camarades ! »

D'Indochine, elle a reçu des nouvelles de son frère. Eux aussi ont connu la guerre, et la connaissent encore, du moins une grande confusion.

En abandonnant le Tonkin, les Japonais ont plus ou moins armé des rebelles qui risquent de mettre la colonie à feu et à sang, mais, à coup sûr, le corps expéditionnaire français saura mater ses velléités de rébellion.

Qu'elle ne s'inquiète pas, en Cochinchine, pour l'instant, tout est à peu près calme !

Mais il aimerait quand même qu'elle accueille leur fille cadette Jacotte, pour qu'elle puisse suivre des études universitaires dans la tranquillité de la métropole. Jeannine, leur fille aînée, est mariée avec un officier de marine, quant à la dernière, ils préfèrent la garder près d'eux : elle est trop jeune pour entreprendre un tel voyage.

En me montrant une photo de sa nièce devant les palmiers

au bord d'une plage, elle s'extasie devant sa grâce, et me dit en riant qu'avec une pareille beauté à la maison, il va lui falloir surveiller François.

Vendredi 15 septembre 1945

La pauvreté qui règne autour de nous m'angoisse, me taraude. Devant cette misère, comment pourrais-je vivre en accord avec moi-même ?

Derrière les façades en pierre de taille des immeubles de Neuilly, j'ai découvert la grande détresse des chambres de bonne où des vieillards crevaient de faim et de froid.

Dieu sait si j'ai monté des paniers de bois et de nourriture, mais j'ai la désagréable impression que les adresses que me donne le curé dans cette paroisse de nantis servent avant tout à déculpabiliser les dames d'œuvres ; en quelque sorte, des pauvres institutionnels.

Les voies du Seigneur sont impénétrables : pourquoi a-t-il fallu que je relise dans le train de Pontoise *la Femme pauvre*, de Léon Bloy ?

Le jeune prêtre assis à côté de moi m'adresse la parole pour me dire, en me désignant mon livre : « Quel grand bouquin ! Comme Léon Bloy y exprime bien la difficulté de vivre sa foi ! »

L'abbé Dumont est encore presque un jeune homme ; il a des yeux particulièrement habités, et quand il parle, on dirait que sa pomme d'Adam cherche à s'échapper du carcan de son col d'ecclésiastique. Je lui réponds : « Mais qui peut être digne de vivre selon l'Evangile ! » S'ensuit une discussion où il convient, comme moi, que l'Eglise a perdu le sens de l'Evangile, pour tomber dans une morale tout à fait inadaptée aux problèmes d'aujourd'hui ; il est convaincu que si seule la grâce de Dieu peut sauver l'homme, celle-çi n'est jamais acquise définitivement, une bonne fois pour toutes.

Je lui demande s'il aimerait venir dîner un jour à Neuilly, mais il me répond moqueur que mon « curé chez les riches » date, heureusement, d'avant guerre, que néanmoins, il désirerait me rencontrer, lundi en huit, à l'institut catholique, après les cours d'étude biblique qu'il suit. Il est en poste à Bobigny et c'est une banlieue difficilement praticable.

Mardi 26 septembre 1945

En recouvrant méticuleusement les livres de classe de Jacky, Marie-Louise s'extasie sur l'étendue du savoir qu'il va pouvoir acquérir pendant l'année scolaire.

Comme tous les enfants du monde, juste avant la rentrée des classes, Jacky est plein de bonnes intentions, et Marie-Louise lui explique qu'au lycée Carnot il n'est plus question de rêvasser comme à Saint-Cloud, et qu'il devra particulièrement s'appliquer en mathématiques et en latin. « Mais pourquoi diable continue-t-on à embêter ces enfants avec ce latin qui ne sert à rien ? » Je lui réponds, tout simplement : « Pour mieux apprendre le français ! » Elle n'est pas de mon avis, mais je pense en moi-même que si elle avait appris le latin à l'école, elle ne ferait pas autant de fautes de tournure dans sa conversation courante, et j'ajoute à son intention que le latin apprend également aux enfants à mieux raisonner, qu'utiliser une syntaxe différente procure une meilleure agilité de pensée.

Elle se fiche éperdument de la syntaxe. Ce qu'elle veut, ce sont des résultats, et elle ne cesse de répéter à Jacky que les notes du premier trimestre devront être excellentes s'il veut un bel anniversaire le 26 novembre, sans même parler de Noël.

Je lui demande si elle a rencontré l'aumônier du lycée; elle a fait mieux que cela : elle a inscrit Jacky à la troupe scoute de Saint-Philippe du Roule.

Surtout, que je ne m'inquiète pas pour la religion du petit : depuis sa communion au Rayol, elle l'emmène souvent à la messe.

Elle tient à remercier le bon Dieu pour tout ce qu'il a fait pour elle, d'abord en lui donnant un petit garçon plein de santé, et en les préservant pendant la guerre, où François se moquait de sa dévotion à la Vierge.

Dieu merci, François n'est pas comme son père ; il croit dans le bon Dieu et est partisan d'élever Jacques dans la religion jusqu'à ce qu'il acquière son libre arbitre, mais il ne veut pas en faire un cul-bénit, pas plus, d'ailleurs, qu'un bouffeur de curé comme tous les Chirac.

Je n'insiste pas ; même si au fond du cœur de Jacky ne brûle qu'une petite veilleuse, l'essentiel est que Marie-Louise ne la laisse pas s'éteindre.

Lundi 1er octobre 1945

L'abbé Dumont me reçoit dans un petit bureau de l'institut catholique. Le propos de son cours est « la Bible et la réforme ». Il regrette que Martin Luther, par son orgueil, ait provoqué une scission de l'Eglise, et que son exigence de retour aux sources bibliques et évangéliques demeure encore le problème crucial de l'Eglise.

Il ne m'interroge pas, mais m'incite à la confidence au point qu'à la fin de notre entretien il doit me connaître aussi bien que mon journal intime.

La misère qui l'entoure à Bobigny est vécue par les plus défavorisés comme une fatalité ; ces pauvres gens n'ont même plus la capacité d'aimer, et il faut leur redonner l'espoir, c'est-à-dire les moyens d'espérer !

Pour tenter de les aider à sortir de leur détresse, il est accablé de tout un travail de démarchage auprès des bureaux d'aide sociale, d'employeurs et de la mairie qui, bien que communiste, est la seule à lui apporter une véritable aide. Il est tellement surchargé qu'il en néglige d'apporter la bonne parole à des enfants, si mal nourris, si mal traités qu'ils ne peuvent pas même envisager un Dieu miséricordieux.

Son rêve est modeste, il aimerait former une équipe capable, en plus du catéchisme, de s'astreindre tous les jeudis à procurer à ses enfants au moins un bon repas, de donner des vêtements aux plus démunis et d'essayer, dans la mesure du possible, de les aider dans leurs difficultés scolaires.

D'emblée, j'acquiesce, mais l'abbé coupe mon enthousiasme : « Madame, vous m'avez dit que vous étiez musicienne, et vous savez bien qu'aucune initiation à la musique n'est possible sans solfège ! Si vous acceptez de m'aider, je vous demanderai auparavant de suivre un cycle d'études de catéchèse pour vous aider à porter la bonne parole à ces enfants ; plus ils sont défavorisés, moins nous avons le droit à l'erreur, et puis, vous êtes épouse et mère, et il faut que vous trouviez un aménagement avec vos obligations familiales ! »

J'ai l'impression d'être mise à l'épreuve, mais je m'inscris en toute humilité au cycle trimestriel de catéchèse qui commence la semaine prochaine.

Vendredi 26 octobre 1945

Les difficultés que j'ai à suivre ces cours me surprennent, je m'aperçois que je suis une bien mauvaise étudiante. Pour moi, le Symbole de Nicée est une évidence, et les explications auxquelles on m'oblige me paraissent presque sacrilèges ; il n'y a rien de plus éprouvant que de vous faire justifier une évidence, ou du moins ce que l'on tient pour tel.

Le pauvre Jacky en sait quelque chose. Hier, à peine était-il rentré du lycée que Marie-Louise s'est précipitée pour lui faire apprendre sa leçon de géométrie ; il avait intérêt à savoir par cœur le résumé de sa leçon, avant que son père ne rentre !

Il s'est mis alors à réciter d'une traite que pour qu'une droite soit perpendiculaire à un plan, il était nécessaire et suffisant qu'elle soit perpendiculaire à deux droites de ce plan.

Quand Marie-Louise lui demanda de lui expliquer pourquoi, il ne put que bredouiller « que c'était comme ça », en se balançant d'une jambe sur l'autre.

Elle était tellement énervée que je sentais la gifle venir, et je tentai de lui faire remarquer que ce n'était pas le problème géométrique, mais son raisonnement, que ces notions presque philosophiques de nécessité et de suffisance étaient difficiles pour un enfant, mais elle le renvoya dans sa chambre en lui disant que son père comprendrait certainement qu'il serait nécessaire et suffisant de le gronder.

La nullité des résultats scolaires de Jacky accable sa mère, il est nul en mathématiques ! Ce n'est pas mieux en latin et, le pire pour son père qui y attache tellement d'importance est qu'il trouve le moyen d'être dernier en récitation.

Je me souviens que j'avais prévu quand il était petit qu'en le forçant trop à l'école primaire il risquait de perdre son avance dans le secondaire.

« Et en plus d'être cancre, monsieur est également dissipé ! Viens donc un peu ici », dit-elle en apercevant Jacky qui a entrouvert, craintivement, la porte de sa chambre. Mais elle le prend sur ses genoux comme un bébé, le câline. « Pourquoi me fais-tu tellement de peine en refusant de travailler à l'école ? Si tu continues, je vais t'envoyer en pension comme Michel ! »

Je sais qu'elle ne le fera jamais ; pour elle, envoyer un enfant en pension, c'est, pour une mère, avouer sa démission. « Tu t'es déjà privée des meilleures années de vos enfants en les confiant à une gouvernante quand ils étaient petits, tu les as à peine vus grandir, et maintenant, tu envoies Michel en pension. Tu ferais mieux de t'occuper un peu moins de tes bondieuseries ! »

Etre mère, pour elle, c'est un aboutissement ; le seul « au-delà » qu'elle puisse envisager, c'est au travers de son fils, et Jacques, en étant mauvais élève, trouble un avenir qu'elle ne pouvait concevoir que comme radieux.

Vendredi 9 novembre 1945

Nous devions aller avec les Chirac au cinéma, et ensuite manger des huîtres à la brasserie *Marigny*, mais Jacky est souffrant, et Marie-Louise décide d'improviser un bridge.

J'ai l'impression que François veut, en affaires, rattraper tout le temps perdu au Rayol. La plupart du temps, il est en voyage, ou rentre, d'après Marie-Louise, très tard ; il a mauvaise mine et semble absent.

Comme apeurés par ce mari et ce père lointain, Marie-Louise et son fils me semblent vouloir se protéger l'un, l'autre.

Pour Jacky, la voix de son père quand il le gronde est plus cuisante qu'une gifle de sa mère, et il guette avec des yeux d'enfant battu l'approbation d'un père qui le domine de sa haute taille, un père inaccessible et intransigeant.

Parfois même il me paraît un peu dur et méprisant, comme ce soir où il dit à Jacky, fébrile, couché dans son lit : « Eh bien, mon bonhomme, tu peux être satisfait de ton rhume, tu vas enfin pouvoir te laisser aller à rêvasser, ton occupation favorite ! »

Je crois que les causes de l'instabilité de Jacques viennent surtout de cette relation de force que lui impose son père, qui le rend anxieux.

En principe, Jacotte, la nièce de Marie-Louise, devrait arriver le mois prochain. Elle compte beaucoup sur cette jeune fille pour mettre un peu de gaieté dans sa maison, attristée par l'hiver et l'attitude lointaine de François.

Mercredi 19 décembre 1945

Georges a pu obtenir de son club des subsides pour le Noël des enfants de l'abbé Dumont. Chacun pourra recevoir un livre, un jouet et surtout un pull-over chaud, à col roulé.

Mes deux collègues, c'est ainsi que nous nous appelons entre nous, sont une jeune fille, Amparo Arillo, une fille d'immigrés espagnols, au sourire et au regard lumineux, et Bernadette Leguen, une infirmière bretonne d'une cinquantaine d'années qui est pleine d'autorité ; devant elle, j'ai un peu honte de ma bourgeoisie.

Amparo a tenu à ce que nous fassions un paquet pour chacun, et j'ai eu un mal fou à trouver suffisamment de papier.

Jusqu'à tard dans la nuit nous avons confectionné des gâteaux dans la minuscule cuisine de Bernadette. Heureusement, l'abbé a pu me raccompagner jusqu'à la porte de la chapelle, dans sa vieille Juvaquatre.

Jeudi 20 décembre 1945

Nous avions dressé un arbre de Noël et décoré de guirlandes le baraquement dans lequel s'est engouffrée une misère hurlante et rieuse qui, avant son goûter et surtout ses cadeaux, a dû patienter, le temps d'une prière.

Que peut signifier pour ces enfants faméliques le fait de « donner du pain à ceux qui n'en n'ont pas » ? Je comprends à présent le sens de cet horrible mot, « nécessiteux » : ils « nécessitent » tout.

Mercredi 20 janvier 1946

Marie-Louise m'en veut de pratiquer ces « bondieuseries » précisément le jeudi, qui était auparavant notre jour de prédilection.

Sa nièce Jacotte vient d'arriver de Saigon, et son sourire s'est installé rue Frédéric Bastiat, un sourire que rend éblouissant sa peau mate et bronzée. Avec ses cheveux lisses et foncés, elle ressemble à une plante exotique, comme si les domestiques cochinchinois de ses parents avaient marqué de leur empreinte cette Corrézienne.

Peut-être est-elle un peu épaisse de hanche et de cuisse, mais cela lui donne, quand elle bouge, une langueur tropicale qui correspond bien à sa voix douce, calme et apaisante, rien à voir avec les chuintements méridionaux de la maison.

Elle émerveille sa tante et d'emblée elle a su prendre Jacky ; elle sait s'en moquer sans heurter sa susceptibilité maladive, et, encore très proche du lycée, elle peut l'aider dans ses devoirs.

A n'en pas douter, l'un des drames de ce fils unique est d'être un enfant de vieux... Ma pauvre Marie-Louise, notre quarantaine est maintenant bien loin derrière nous !

François ne peut rester insensible à la coquetterie de sa jolie nièce, et son comportement change. Le soir, elle sait avec son oncle provoquer ce jeu de séduction malicieuse auquel toutes les filles aiment à soumettre leur père.

Toute son enfance elle avait rêvé de Paris, et elle est un peu déçue par cette vie maussade, cet hiver triste, ce froid glacial, et la plupart du temps elle préfère rester « en serre » rue Frédéric Bastiat.

Mercredi 20 mars 1946

Elisabeth est devenue assez amie avec Jacotte, bien qu'elle la trouve un peu futile ! Au lieu de s'encombrer d'un fiancé, j'aurais aimé qu'elle prenne un peu de cette futilité !

Devant la résolution de ma fille, j'ai capitulé en acceptant ses fiançailles sous la condition de reporter le mariage après la fin des études de pharmacie de Jean-Paul.

Sous l'influence bénéfique de Jacotte — je ne m'étais pas trompée — Jacky a l'air de devenir meilleur élève et ne traîne plus dans les rues en revenant du lycée, ce qui provoquait chez Marie-Louise des inquiétudes dans le premier quart d'heure et des angoisses après.

Marie-Louise tient absolument à emmener Jacotte en Corrèze pour lui faire découvrir le berceau de sa famille, et aimerait que nous nous joignions à eux ; l'idée de ce voyage, presque un pèlerinage, m'enchante. Je me suis bizarrement attachée à Sainte-Féréole et j'espère que Georges aimera raviver des souvenirs qui, somme toute, auront été les plus heureux de la guerre.

Dimanche 7 avril 1946

J'éprouve une énorme reconnaissance envers l'abbé et ses enfants de Bobigny ; c'est moi qui ai besoin d'eux et non eux de moi.

Je suis en proie au vertige de la tentation de l'altruisme, mais l'abbé me rappelle que je suis avant tout une épouse et une mère, et je m'installe à mi-temps dans ce que je crois être le bien, comme une pécheresse pourrait s'installer à mi-temps dans le mal.

De toute façon, j'ai décidé de m'investir beaucoup plus à Bobigny, et j'ai décidé d'abandonner tout un cercle de relations qui ne m'apportaient rien d'autre que de perdre mon temps. Je ne garderai que mes amis les plus intimes : les Chirac, les Manière et bien sûr, à Pontoise, mes voisins les Carel.

D'organiser, cet après-midi, dix tables de bridge n'a pas été une mince affaire ; la charcuterie de la rue du Marché, *le Cochon Rose*, m'a préparé un buffet digne d'avant guerre. Les gains des joueurs iront à Bobigny.

Pour donner un peu plus de piment au jeu, j'ai séparé les couples, et le sort veut que Marie-Louise ait pour partenaire Georges Dumézil, un linguiste éminent dont les recherches tentent d'établir une corrélation entre les mythes communs à toutes les religions. Je le respecte d'autant plus que ces recherches n'ont fait que le confirmer dans sa foi chrétienne.

Je glisse à l'oreille de Marie-Louise que son partenaire est un universitaire dont les travaux sur les mythes font autorité.

Le temps que les joueurs jaugent leur partenaire inconnu, il y a un moment de flottement, avant que ne s'animent les conversations. Tout d'un coup, j'entends, à la table de Marie-Louise, un éclat de rire de Pierre Vasseur qui n'en finit plus. Marie-Louise a demandé à Georges Dumézil si l'action du D.D.T. était aussi efficace qu'on le prétendait sur les insectes. Le pauvre homme n'en sait rien, mais quand, déçue, elle lui dit que je lui avais pourtant confié qu'il était le plus grand spécialiste des mythes, Pierre Vasseur est pris de fou rire.

Rouge de colère, courroucée, confuse, elle voudrait partir à l'instant, mais heureusement François, en riant dans sa barbe, la retient.

Le monde est vraiment méchant ; de table en table, tout le

monde finit par se gausser de sa bévue, et le pauvre Georges Dumézil, avec une énorme gentillesse, lui prétend que lui-même dans certaines traductions a été victime d'homonymes redoutables, et qu'il la comprend tout à fait.

Lundi 8 avril 1946

J'avais dans l'idée d'emmener Marie-Louise et Jacotte se promener dans l'île Saint-Louis ; cette petite ne connaît de Paris que les Champs-Elysées et les grands magasins ! Mais quand j'appelle au téléphone Marie-Louise, encore toute courroucée de la veille, elle me bat froid et je renonce.

Samedi 13 avril 1946

Marie-Louise a fini par manger sa rancune et nous nous retrouvons à déambuler, île Saint-Louis, avec Jacotte et Jacky.

J'essaye d'expliquer à Jacotte la beauté architecturale des façades et, quand nous passons quai d'Anjou, comme elle est en ce moment plongée dans Marcel Proust, je lui explique devant un hôtel que c'est vraisemblablement celui qu'habitait Swann avant son malheureux mariage avec Odette de Crécy, dont l'une des conséquences aura été d'abandonner la noblesse de ce quartier pour accepter d'emménager, avec une certaine perversion, aux abords de cette horrible Porte Maillot.

Jacky ne comprend pas ce qu'il y a d'admirable dans ces vieilles maisons toutes sales. Il ne s'intéresse qu'aux péniches qui descendent la Seine, quand Marie-Louise s'avise que le Jardin des Plantes est à deux pas, et qu'en fait c'est là qu'il fallait emmener le petit.

Voir des animaux en cage, j'ai toujours détesté, mais je prends sur moi. Notre réconciliation est encore trop fragile et je laisse Jacky lancer, en imitant leur grimace, des cacahuètes à de pauvres macaques.

Marie-Louise me fait remarquer que je suis d'excellente humeur — « Mais ma parole, Marguerite, c'est l'approche du printemps qui te rend ainsi ! »

Comment pourrait-elle imaginer que le secret de ma bonne humeur se trouve à Bobigny : grâce au père d'Amparo, qui est un militant communiste avec un accent impossible, nous avons pu négocier le relogement d'une famille de cinq enfants qui habitait dans une pièce unique !

Dimanche 15 juin 1946

Je ne me suis jamais intéressée à la politique, bien que les confidences d'Amparo à Bobigny éveillent en moi un soupçon de conscience politique. La pauvre est prise dans les contradictions du militantisme communiste de son père et de la ferveur tout espagnole de sa mère, et elle essaye, en vain, d'en faire une synthèse impossible.

Personnellement, je pense qu'il faut soutenir les hommes politiques qui sont le moins en contradiction avec l'Evangile, mais quand je le dis à l'abbé Dumont, il pense que je porte en moi des ferments de la révolution, l'Evangile demeurant le texte le plus révolutionnaire qui n'ait jamais été écrit.

Les Chirac continuent avec leur manie de la radio et nous finissons un dernier rob quand on annonce la diffusion d'un discours prononcé par le général de Gaulle à Bayeux.

Tout en élevant le son de la radio, François nous dit que ce général a joué son rôle et que maintenant il serait grand temps qu'il regagne ses foyers avec les remerciements de la nation. Puis, prêtant une plus grande attention à cette voix grasse et éraillée, une voix de bateleur qui sait mettre les gogos de son côté, il laisse tomber son jeu : « Mais ma parole ! C'est tout simplement du Louis Napoléon Bonaparte ! Badinguet veut se faire couronner empereur des Français ! »

« Ne te mets pas dans cet état ! Après tout, ce n'est que de la politique ! », lui lance Marie-Louise pour le rappeler au jeu.

Mais François a envie d'épancher ses convictions républicaines, où il réunit dans un même opprobre ce général de Gaulle, nourri des thèmes de *l'Action française*, le général Boulanger et Louis Napoléon Bonaparte !

Samedi 29 juin 1946

Pour aller à Sainte-Féréole, nous reprenons la même route de Sologne, nous déjeunons dans le même restaurant à Argenton-sur-Creuse. La parenthèse de la guerre, contrairement à la région parisienne, semble s'être refermée, avec bonheur, sur la campagne.

A Sainte-Féréole, j'ai l'impression « d'être retournée au pays ». Je reçois des bises de madame Coste et de madame Dauliac, qui me mentent en me déclarant que je n'ai pas changé et que Jacky et Michel ont terriblement grandi, de vrais petits hommes !

Jacotte est un peu déçue : elle s'était imaginé dans sa tête la Corrèze comme un petit Trianon, et elle découvre un village sans autre pittoresque que celui des bouses de vache, et, au grand dam de sa tante, elle s'amuse à imiter l'accent des « indigènes ».

Nous avons laissé Jean-François préparer ses examens à Paris, et j'ai accepté que Jean-Paul, le fiancé d'Elisabeth, qui a intrigué auprès de Marie-Louise, se joigne à nous. Je commence à m'y habituer, sa gentillesse et sa serviabilité arrivent à me faire oublier sa laideur, mais mon Dieu ! comment Elisabeth a-t-elle pu en tomber amoureuse ?

L'*Hôtel Coste* s'est modernisé : des lavabos ont remplacé les cuvettes et les brocs, il y a même des bidets.

Nous avons décidé d'y prendre tous nos repas. C'est une cuisine paysanne, un peu lourde mais satisfaisante après un après-midi de promenade, et Michel s'est mis à faire chabrot comme François et Jacky; ce mélange de vin et de soupe m'a toujours surprise.

Mardi 10 juillet 1946

Levé de bon matin, François n'arrête pas. C'est une tape sur l'épaule, une poignée de main à l'un, une poignée de main à l'autre, un baiser à une ancienne, trinquer dans un café et dieu sait s'il y en a dans ce village, et noter je ne sais quoi sur un calepin.

Georges est de plus en plus convaincu qu'il a des arrière-pensées électorales, et depuis sa profession de foi républicaine, je n'en serais pas autrement surprise.

C'est inouï comme tous ces paysans, du moins d'après les bribes de conversations que j'entends dans l'*Hôtel Coste*, peuvent être politisés; ils ne parlent que de politique : de Gaulle, ils n'en ont pas eu besoin pour se libérer, ils ont su le faire tout seuls, et leur grand homme, c'est incontestablement le docteur Queuille... Comme on est loin de Paris !

La façon de se tenir à table de Jacky énerve de plus en plus Georges. Il faut dire qu'il parle en mangeant la bouche ouverte, crache son gras, a des lèvres graisseuses et, surtout, n'arrête pas de rouler en boule sa mie de pain.

N'y tenant plus, Georges lui donne un coup de manche de couteau sur les doigts.

François, alors, intervient comme un fauve qui défendrait son lionceau : « Georges, laisse-moi donc ce gamin tranquille. Ou il est idiot, et quelle importance plus tard qu'il mange comme un cochon, ou il est intelligent et, en les regardant, il finira par manger aussi bien que les marquises qu'il fréquentera ! »

Georges apprécie peu la remarque, et j'ai peur qu'une aussi petite blessure d'amour-propre puisse gâcher nos vacances.

Dimanche 10 juillet 1946

Pour nous accompagner nous baigner au bord du lac voisin, Jacky se fait tirer l'oreille. Il n'est pas limousin pour rien. Il n'aime pas beaucoup l'eau, et préfère jouer avec les enfants du village, particulièrement avec son grand ami Jeannot Chastanet, le fils de l'ébéniste.

Michel et lui s'aiment bien, mais un an et demi de différence d'âge les sépare bien plus que je ne l'imaginais. Michel, un peu protecteur, se comporte comme le grand garçon qu'il croit être devenu. Le pauvre ne va pas tarder à rentrer dans l'âge ingrat, et depuis qu'il a découvert dans la bibliothèque un pêle-mêle de Stendhal, de Rimbaud et d'Heinrich von Kleist, il se croit obligé de prendre des poses littéraires et se rabat sur cette pauvre Jacotte qui est lasse de jouer les chaperons avec Elisabeth.

Avec Jean-Paul et Jacotte, il n'arrête pas de disputer des courses à la nage. Jacotte gagne toujours. Elle pratique une très belle nage que je n'avais jamais vue, un mélange d'indienne et de crowl qui, paraît-il, est particulière à l'océan Pacifique.

Malgré nos excursions à Padirac et à Rocamadour, Jacotte est de moins en moins enthousiaste pour le berceau de sa famille, et encore moins pour les « indigènes ». Pourtant, elle a été la reine du bal du 14 Juillet, où Georges lui a enseigné la java qui est ignorée en Indochine. Elle a horriblement choqué Marie-Louise en traitant de péquenauds les jeunes du village.

Mardi 18 juillet 1946

Le meilleur de la journée c'est, comme dit Marie-Louise, à la « fraîche », quand, en revenant de dîner de l'*Hôtel Coste*, nous allons faire notre partie de bridge chez elle. L'air est chargé d'odeurs de foin et d'herbe ; par la fenêtre ouverte, on perçoit le piétinement feutré des vaches dans leurs étables et les rires joyeux des enfants qui courent au travers du village pour une dernière partie de cache-cache ou de balle aux chasseurs.

Peut-on connaître instant de bonheur aussi grand que d'être assis dans ce calme, avec deux vrais amis ?...

Lundi 22 juillet 1946

Tous les matins, loin des odeurs du comptoir de l'*Hôtel Coste*, nous allons prendre le petit déjeuner chez Marie-Louise. Cette brave Eugénie connaît toutes nos habitudes. Elle sait que, contrairement à Marie-Louise, je prends du lait froid dans mon thé.

Marie-Louise nous fait signe de garder le silence, et chuchote : « Ça va barder, son père lui fait “une séance” ! »

Parviennent de l'étage des cris de protestation de Jacky, suivis d'un énorme hurlement de François, à en faire trembler la maison.

Nous n'osons pas bouger, quand tout à coup François descend, en geignant, à cloche-pied : « Putain ! Qu'est-ce que j'ai pu me faire mal ! » Pour qu'il parle ainsi, c'est qu'il doit vraiment souffrir.

Il est tellement vert de visage que quand il s'assied Eugénie lui prépare un marc. « C'est de la faute au gamin, répète-t-il en se massant les pieds, je ne sais même pas si je pourrai arriver à conduire ! »

Inquiète, Marie-Louise l'interroge du regard : « Tout cela est la faute de ton gamin : il a été tellement insolent que j'ai voulu lui botter les fesses, et, en s'esquivant, il m'a fait botter le bois de son lit ! »

Il déclenche un tel éclat de rire chez Marie-Louise que celui-ci se communique à nous tous, et bien sûr, au milieu de ces rires, Jacky ne peut être que pardonné.

Dimanche 28 juillet 1946

Nous arrivons dans la soirée à Pontoise, et je me sens bien plus reposée que si j'avais été bêtement à la Baule ou à Bandol.

François revient à Paris avec Jacotte lundi, et Marie-Louise pourra entièrement se consacrer à Jacky, qui passe de justesse en troisième. Sa mère va pouvoir prouver ses vertus d'institutrice pour l'obliger à faire ses devoirs de vacances.

Je suis particulièrement contente de retrouver le calme paisible de mon jardin de Pontoise ; Belinda Zaba a comme moi la passion du jardinage mais, si elle a scrupuleusement arrosé mes massifs, mes fleurs, ont hâte que je les bine pour respirer.

Les autorités ont mis à la disposition des Russes le quartier Bossut, pour regrouper tous les prisonniers soviétiques — surtout les Russes qui ont servi dans l'armée allemande —, et Pontoise a vécu un hiver de terreur avec tous ses moujiks qui s'enivraient à l'alcool à 90 °C dans la rue.

La ville quadrillée de gardes mobiles a été pratiquement en état de siège, et Belinda Zaba a dû servir d'interprète auprès du tribunal, pour des vétilles, des petits chapardages qu'avaient commis ces pauvres gens, voués à leur retour en Russie au peloton d'exécution ou au camp de concentration.

Elle avait accueilli tant de ces pauvres faces lunaires qu'on avait surnommé la maison la « maison du moujik », « mais ils n'ont touché à rien », me confie-t-elle. « Ils me vénèrent, m'appellent Babouchka, et jamais un Russe ne sera capable de faire du mal à sa grand-mère. »

Dimanche 6 octobre 1946

Michel a été voir sur les Champs-Elysées *la Symphonie pastorale* et il nous rejoint rue Frédéric Bastiat. Trop accaparés par notre bridge, nous ne prêtons aucune attention à ses commentaires, mais quand Jacky survient en uniforme de scout, Marie-Louise, qui, par ailleurs, s'était trompée d'annonce, oublie tout pour préparer le goûter des enfants.

Michel sort de sa poche des affichettes bleu, blanc, rouge qu'il montre à Jacky. J'ignorais que mon fils avait des préoccupations politiques ; décidément, il rentre de plain-pied dans l'âge ingrat.

Il essaye de convaincre Jacky de l'accompagner au siège d'un parti républicain ou de la liberté pour se faire remettre un paquet d'affichettes qu'ils colleront tous les deux dans le métro et sur les murs du quartier.

« Il n'en est pas question, s'oppose Marie-Louise. C'est bien trop dangereux pour les enfants ! Vous n'avez pas lu dans les journaux toutes ces histoires de colleurs d'affiches qui se font agresser ? »

Jacky, lui, est impatient de vivre cette aventure que lui propose Michel.

En examinant l'une des affichettes qui se collent comme des timbres, François trouve que c'est l'occasion ou jamais pour son scout de fils de faire une B.A. et, moqueur, il me lance : « Marguerite, je me méfierai toujours des croix, fussent-elles de Lorraine. »

Marie-Louise ne va cesser de lui reprocher d'avoir donné sa bénédiction à cette minuscule aventure qui prend pour elle des proportions effarantes : « Mais tu es fou, François, si ces gamins rencontrent des gaullistes, ils vont se faire rouer de coups ! En tout cas, si on touche à un cheveu de Jacky, tu m'entendras ! »

Quand ils reviennent tout excités d'avoir su déjouer la surveillance des contrôleurs du métro pour coller leurs affichettes, et d'avoir échappé à la colère d'un vieux monsieur qui avait voulu courir après eux rue la Boëtie, Marie-Louise pousse un énorme soupir de soulagement, et François me confie *mezza voce* : « Les gamins se sont bien amusés ; c'était quand même mieux qu'une partie de gendarme et de voleur ! »

Lundi 14 octobre 1946

Nous avons passé le week-end sans les Chirac, mais je suppose que François doit être heureux des résultats du référendum ; il a finalement la république qu'il désirait.

Jeudi 17 octobre 1946

Je suis fasciné par Bernadette Leguen et cette petite Amparo. Bernadette est capable d'assumer des journées entières à l'hôpital et Amparo à la cantine scolaire ; et, avec leurs salaires de misère, elles trouvent le moyen de sourire pour soulager de plus pauvres qu'elles.

De mon côté, j'ai entrepris de faire une collecte de vieux vêtements, et j'ai écrit une lettre à toutes mes relations, et bien sûr aux gens de mon immeuble à Neuilly.

Les Champetier de Ribes habitent au premier. Je ne les connais que des réunions de copropriétaires, mais on parle, en ce moment, sans arrêt de ce Champetier dans les journaux : il est le candidat du M.R.P. à la présidence de la République.

Leur bonne sonne pour m'apporter un ballot. En l'ouvrant, je suis effarée : il n'y a rien que des pantalons et des lainages mités et sales.

En colère, je redescends le paquet. Un jeune homme bien convenable m'ouvre ; l'antichambre est pleine de messieurs décorés et respectables qui doivent faire allégeance à leur futur président.

Madame Champetier est superbement agacée que je la dérange dans une pareille réunion, et je lui jette son ballot en lui déclarant à voix très haute que « mes pauvres » n'ont pas de parquet à cirer.

Un court instant, je savoure la consternation que j'ai provoquée chez des gens qui osent se dire démocrates-chrétiens.

Le journal intime de ma mère s'arrête brusquement à cette date pour ne reprendre qu'en 1949. J'ignore si les cahiers intermédiaires se sont perdus ou si, accaparée totalement par ses activités charitables à Bobigny, elle avait renoncé à tenir ce journal.

Je tiens cette dernière raison pour la bonne car lorsqu'elle rencontrera à Bondy le père Joseph Wresinski, le fondateur du mouvement Quart Monde, elle cessera définitivement de tenir un journal intime qui la plupart du temps n'est que le signe d'un désœuvrement mondain.

D'ailleurs, j'ai remarqué un changement évident de style dans son journal à partir de 1949. Il est plus bref, moins anecdotique, et même l'écriture en a changé : elle a perdu cette régularité cursive qui venait certainement de l'usage du gothique dans son enfance.

A vrai dire, il s'agit moins d'une suite à son journal intime que de notes prises au jour le jour. Ces notes ne sont pas datées, et j'en donne approximativement le mois, d'après les indications que comporte le récit de ses relations avec les Chirac, ou d'après des commentaires qui n'ont rien à voir avec le propos de ce livre.

Pendant toute cette période, mes parents et les Chirac continuaient à se voir régulièrement une ou deux fois par semaine. J'imagine que mon père et François favorisaient cette relation entre leurs épouses. Les deux étaient pris par leurs affaires et leurs aventures extraconjugales, et un bridge en commun leur évitait ce genre de tête-à-tête silencieux, chargé de reproches et de remords, de ces couples vieillissants qui, malgré tout, cherchent à préserver l'éducation de leurs enfants et une retraite paisible.

Peu à peu, avec Jacky, nous en vînmes à nous ignorer. D'abord, il y avait cette différence d'âge qui compte énormément entre seize ans et dix-sept ans et demi, et le fait, en général, que les adolescents aiment à inventer leurs amis et refusent ceux imposés par leurs parents.

Ce n'est qu'à la lecture intime du journal de ma mère que j'ai découvert les qualités profondes de Jacques Chirac :

pour moi, il n'était habité par aucune velléité de révolte propre aux adolescents, et son conformisme était tel que, sans son accent corrézien, il serait passé inaperçu. En fait, je croyais qu'il ne s'intéressait qu'aux récits de voyage et aux exploits militaires, et l'infantilisme de son bavardage incessant insupportait la vanité de la grande personne que je croyais être devenu.

Septembre 1949

Comme chaque année à pareille époque, Marie-Louise revient pleine de tonus de Sainte-Féréole, mais cette année, elle rayonne particulièrement.

Abel a acheté un appartement rue de Seine où ils emménagent. Elle me paraissait tellement attachée aux Champs-Elysées et aux grands boulevards que je suis agréablement surprise qu'elle s'installe dans ce quartier entre Odéon et Saint-Germain-des-Prés, tellement civilisé, plein d'une tradition littéraire et artistique.

Les plafonds sont un peu bas, mais en le meublant de sympathiques meubles rustiques du Limousin, les Chirac sont arrivés à y transporter un peu de l'âme de Sainte-Féréole.

Mais ce qui la fait surtout exulter, c'est que, contre toute attente, Jacques a obtenu une mention bien pour son premier bac, qui lui permet d'entrer par la grande porte en math élem., dans ce prestigieux lycée de Louis-le-Grand.

Elle est horriblement déçue par François qui aurait dû couvrir Jacques de cadeaux pour sa réussite, mais pour lui, rien de plus normal.

Moi-même je suis étonnée de cette mention quand je pense à ces deux dernières années où Marie-Louise n'arrêtait pas de se plaindre qu'elle avait accouché d'un cancre, et qu'avec François ils s'inquiétaient de savoir ce qu'ils pourraient bien en faire plus tard.

Maintenant, me confie-t-elle, la voie de Jacques est toute tracée. Math élem., math sup. et Polytechnique. Enfin, elle est toute tracée par François, car Jacques se prend pour un littéraire, ce qui l'a rendu fou furieux.

« Tu sais comme Jacques déteste l'humour froid de son père, surtout lorsqu'il s'est moqué de lui en lui disant qu'en fait de littéraire, il n'était qu'un littéraire de morceaux choisis. »

Le pauvre petit, si fier de sa mention, en était tout décontenancé, mais finalement François avait su le convaincre qu'il y avait tellement de littéraires en France qu'il arriverait difficilement à faire son chemin alors que, s'il arrivait à être reçu à Polytechnique, avec ses relations, ne fût-ce qu'avec Marcel Dassault, il lui ouvrirait une voie royale.

En fait, son capital de relation est le seul héritage qu'il puisse transmettre à Jacques, et il lui faut en profiter.

J'admire la docilité de Jacques qui, pour satisfaire la volonté de son père, a accepté de s'inscrire en mathématiques.

A propos de Marcel Dassault, je lui demande ce qu'il advient d'Henri Potez, qui a l'air d'avoir cessé toutes ses activités d'avionneur — « Celui-çi n'a pas à s'en faire, et François y est pour beaucoup. Il est riche comme Crésus ! »

Impossible de savoir de François quoi que ce soit, car il est très discret sur ses affaires, mais elle s'est laissé dire qu'à son retour de camp de concentration, Marcel Dassault avait su sauver un ami tout en éliminant un concurrent.

Décembre 1949

Les Chirac nous ont invités à dîner mais, sans doute par flemme de cuisiner, Marie-Louise demande à François de nous inviter à manger une raclette *aux Savoyards*, rue des Quatre-Vents, en bas de chez eux, où ils ont leurs habitudes.

Jacques se joint à nous. C'est maintenant un grand gaillard dégingandé, mais qui a gardé sa frimousse d'enfant.

Comme tous les adolescents qui viennent de se découvrir une passion, il tient à nous faire partager la sienne et il met toute sa conviction de néophyte pour nous parler de sa découverte de l'hindouisme. J'avoue que de l'entendre parler avec l'accent corrézien de Vishnou et de Krishna m'attendrit.

« Et ce bêta, il veut tellement imiter Gandhi qu'il a trouvé le moyen de se faire ramasser par la police », le coupe, railleur, son père.

Jacky prend un air penaud. Je ne pourrai jamais comprendre le ton sarcastique de François vis-à-vis de son fils, et ce soir, pour moi, il paraît salir la fraîcheur d'un enthousiasme juvénile.

François insiste pour nous raconter que ce pauvre Jacky s'est laissé entraîner par des camarades à faire signer aux passants l'appel de Stockholm, place Saint-Sulpice et bien sûr juste devant le commissariat de police. Les agents, croyant à une provocation, l'ont finalement appréhendé.

Le pauvre Jacky s'accroche à mes yeux pour me faire partager son enthousiasme pour cette croisade antinucléaire qui devrait sauver le monde d'une catastrophe atomique.

Agacé, François trouve seulement à lui dire qu'il n'est qu'un pauvre idiot qui ne s'est même pas rendu compte que cet appel de Stockholm était manipulé par le parti communiste et leurs maîtres soviétiques.

L'enthousiasme donne à Jacky la force de regimber contre son père : « Papa, moi j'aime mieux vivre avec les communistes que d'être anéanti par une bombe atomique américaine ! »

François ne peut s'en sortir que par des lieux communs du genre : « Tu es encore bien jeune et la vie se chargera de t'apprendre. » Apprendre quoi ? Je n'en sais rien, mais l'enthousiasme de Jacques et sa velléité de rébellion contre son père me le rend sympathique ; je lui découvre enfin du caractère.

Avril 1950

Depuis qu'ils habitent Rive gauche, les Chirac snobent mon appartement de Neuilly ; je les comprends.

Il fallait absolument que j'invite Freddy et Simone Rosenthal. Freddy a des intérêts dans des teintureries industrielles qui me nettoient pratiquement gratuitement les vêtements de mes collectes pour Bobigny. Simone est une musicienne accomplie. Je l'ai connue quand elle était élève de Vlado Perlemutter, et j'en veux un peu à Freddy de lui avoir fait interrompre une carrière de soliste qui s'annonçait prometteuse.

Pour monter deux tables de bridge, j'ai invité Jean Luce et sa femme. Bien qu'ils aient une boutique de porcelaine rue la Boëtie, il n'est en rien boutiquier : c'est un artiste qui dessine et réalise des chefs-d'œuvre.

François me surprend. Quand il est loin de son fils, il oublie tous les sarcasmes dont il l'accable à la maison pour ne plus tarir d'éloges sur lui : c'est un garçon qui n'a pas besoin de cultiver sa mémoire, il l'a naturelle et sélective, et il lui suffit de jeter à peine un regard sur un texte pour en retenir l'essentiel.

Il cherche à faire croire que sa désinvolture l'agace. Comment peut-on si peu prendre au sérieux le lycée pour passer avec mention son baccalauréat ?... Il avoue qu'à Brives lui-même a dû bûcher pour atteindre de pareils résultats..., et ce diable de vaurien trouve moyen d'être parmi les premiers dans sa classe de math élem. alors qu'il prétendait être complètement fermé aux mathématiques.

Freddy a un fils, Robert, un peu plus âgé que Jacky mais qui a les mêmes facilités, et les deux pères ne se lassent pas de parler de leurs deux fils prodiges !

Après une année de mathématiques spéciales, Freddy a décidé d'envoyer son fils poursuivre ses études à Harward. Il reproche aux écoles françaises d'être trop théoriques, en dehors de la vie !

Quand il sort d'Harward, l'étudiant américain peut aborder la vie de plain-pied, alors qu'en sortant d'une grande école, le jeune Français connaît plusieurs années de flottement pour parvenir à adapter ses connaissances théoriques à la réalité de sa vie professionnelle; et puis, là-bas, aucune honte à faire des petits travaux pour payer ses études ou, dans le cas de Robert, son superflu. Et, dans les universités américaines, ils s'adonnent à la pratique — ce qui manque le plus aux étudiants français — du sport, et l'esprit de compétition qui en découle est tellement important pour leur formation...

François est entièrement de son avis, l'ancien joueur de rugby qu'il a été n'arrive pas à comprendre la totale indifférence au sport de Jacques.

Juin 1950

« Tu ne sais pas la dernière? », me demande Marie-Louise alors que nous faisons nos courses au Bon Marché.

La dernière, c'est que François a décidé de faire passer à Jacques ses prochaines vacances à bord d'un cargo, comme le lui a suggéré son ami l'armateur Pierre-Edouard Cangardel, le président de l'Union maritime et financière!

Il doit embarquer comme pilotin au mois de juillet, et Jacques, qui a toujours rêvé de voyage et d'aventure, est ravi!

Il prend cette décision pour une récompense alors que François cherche avant tout à ce que son fils unique, gâté, couvé par sa mère, se trouve confronté avec les réalités de la vie, dans ce monde particulièrement dur et viril qu'est celui des marins. Il est persuadé que cette expérience mettra du poids dans sa cervelle de petit bourgeois, et a insisté auprès de son ami Cangardel pour qu'il ne bénéficie d'aucun traitement de faveur.

Marie-Louise, elle, est complètement affolée : comment son père peut-il soumettre Jacques, encore un enfant, à une pareille épreuve, au milieu de matelots aux torses tatoués, prompts à la bagarre quand ce n'est pas à des rixes au couteau ?... et c'est les larmes aux yeux qu'elle se résout à dresser la liste des vêtements nécessaires à son paquetage de sac à matelot.

« Mais tu sais ce qui me fait le plus peur, Marguerite, c'est que les matelots l'entraînent je ne sais où, et qu'il attrape une maladie vénérienne... Le pauvre petit, là-dessus, il est tellement pur !... Enfin, il faut bien que cela se passe un jour ou l'autre. »

Juillet 1950

Marie-Louise me téléphone en pleurs qu'elle a accompagné, avec François, Jacques à la gare du Nord : il doit s'embarquer à bord du *Capitaine Saint-Martin* à Dunkerque.

Elle lui a trouvé à la Samaritaine une casquette de marin ornée d'une ancre et une pipe de vieux briscard.

Avec son sac à matelot sur l'épaule, elle avoue qu'il avait quand même fière allure.

Enfin, son loup de mer lui a promis de lui écrire à chaque escale, et maintenant elle va vivre dans l'attente du facteur ; mais, pendant ces trois mois, comme elle va se sentir seule à Sainte-Féréole...

Septembre 1950

Cette idée d'avoir laissé Jacques s'embarquer sur un cargo pendant les vacances, François s'en mord maintenant les doigts, me dit Marie-Louise en me montrant la dernière lettre de son jeune marin. C'est une lettre délicieusement naïve d'adolescent, où il écrit qu'il a ressenti définitivement l'appel de la mer, que maintenant il sait quelle est sa véritable vocation. Capitaine au long cours, un jour il sera seul maître à bord d'un navire qui parcourra les océans, et n'a plus aucune envie de se retrouver en mathématiques supérieures pour préparer Polytechnique.

Cette dernière lettre, François la prend comme un défi. Comment Jacques peut-il oser ne pas se présenter au lycée, alors que les cours ont déjà commencé.

Furieux, François se précipite à Dunkerque pour aller chercher l'enfant rebelle : d'après Cangardel, *le Capitaine Saint-Martin* doit y faire escale.

Octobre 1950

De la même manière que nous avons Belinda Zaba à Pontoise, les Chirac ont, eux aussi, leur Russe : un monsieur Delanovitch qu'ils ont installé dans une chambre de bonne en échange de leçons de russe à Jacques.

Autant le regard de Belinda Zaba est plein d'une bonté bienveillante, autant celui de ce monsieur Delanovitch me paraît aigri. Je me méfierai toujours des gens qui se croient obligés de se déguiser pour affirmer leur personnalité. Il arbore une crinière blanche de vieux romantique et une sorte de lavallière avec une suffisance insupportable.

Je ne comprends pas comment les Chirac ont admis que ce chaman, cette espèce de magicien, s'impose à leur table.

Rue de Seine, les dîners sont épouvantables : entre les vaticinations du chaman et les sarcasmes dont François accable Jacques. Ce dernier fait preuve d'un tel dilettantisme à Louis-le-Grand que son père craint qu'il n'arrive pas à passer en mathématiques spéciales.

François a du mal à admettre qu'il était prématuré de faire vivre à un adolescent de dix-huit ans cette aventure du *Capitaine Saint-Martin.*

Physiquement, Jacques a changé. Surtout son regard, qui a perdu sa gaieté d'enfant gâté pour une tristesse nostalgique de la mer. Il paraît désabusé; l'homme qu'il croit être devenu après cette aventure lui fait regarder de haut des camarades de classes qui, jamais sortis de leur scolarité, ne pensent qu'au concours d'entrée à Polytechnique.

Pas plus que Marie-Louise je ne comprends pourquoi François contrarie cette vocation de marin et lui interdit de concourir à l'école de la marine marchande pour réaliser son rêve de capitaine au long cours.

François est intraitable : qu'il finisse son année de mathématiques supérieures, après on verra !

Novembre 1950

Surtout quand il parle de Jacques, François aime à émailler sa conversation de mots d'argot : « Il glande ! Non, Marguerite, je t'assure que Jacques est devenu un glandeur ! »

Jacques n'hésite plus à sécher certains de ses cours pour flâner dans le quartier où, au hasard des galeries de peinture, il s'est découvert une passion pour l'art abstrait.

Pour échapper aux sarcasmes de son père, il se confie à cet épouvantable monsieur Delanovitch. Le Russe le chamanise tant et si bien qu'il lui met dans la tête tout un fatras de sciences occultes, mais, pire, ses talents divinatoires ont découvert dans la paume de la main de Jacques une ligne de vie minuscule.

La chiromancie affole Marie-Louise davantage que si un médecin avait découvert à son fils une leucémie. Maintenant, elle s'en fiche et s'en contrefiche qu'il soit reçu à Polytechnique ou non ; ce qu'elle veut, c'est son bonheur immédiat, et la brièveté de sa ligne de vie vaut à Jacques les excuses de sa mère. Il peut sécher ses cours à sa guise pour aller d'une galerie l'autre, fumer en rêvassant et ânonner le russe que tente de lui apprendre monsieur Delanovitch.

Heureusement, Jacques, en étudiant son thème astral d'après un livre d'occultisme, le trouve en contradiction avec les vaticinations de monsieur Delanovitch.

Décembre 1950

Bobigny m'accapare. Dieu, dit saint Paul, aime ceux qui donnent avec joie, et, mon Dieu ! comme il doit aimer Bernadette et Amparo.

Je suis heureuse de m'occuper des enfants du catéchisme. Ces derniers temps, je n'avais aucune envie d'aller rue de Seine. L'appartement me paraît plein d'ondes négatives, entre les sarcasmes de François et les angoisses de Marie-Louise à propos de la brièveté de la ligne de la main de Jacques.

Pourtant, avant les fêtes, je me sens obligée d'inviter les Chirac, « à la bonne franquette, sans chichis, ni tralalas », comme aime à dire Marie-Louise.

Rien ne donne plus d'allégresse à un repas que de commencer par des homards grillés, sans doute pour la flambée au cognac, mais surtout, je crois, pour l'amusement d'en casser les pinces et de les décortiquer avec ses doigts.

Pour la première fois depuis longtemps, je vois un François et une Marie-Louise radieux et épanouis. Je sais qu'immanquablement ils vont vouloir me parler des problèmes de Jacques, et je raconte tout et rien pour renvoyer cet inéluctable au plus tard possible.

Nous passons au salon pour prendre le café. Georges sort une bouteille de cognac 1896 qu'admire François et confie à celui-ci qu'il achète ces cognacs millésimés chez Corellet, avenue de l'Opéra. Pour les cadeaux de fin d'année à ces clients, il s'enquiert auprès de leur secrétaire de leur date de naissance, afin de leur offrir une bouteille de la même année.

Avant de nous installer à la table de bridge, Marie-Louise ne refuse pas un Grand Marnier, et François hume et savoure son cognac avant de nous déclarer sur un ton très détendu qui me surprend : « Tout compte fait, Jacky est un brave garçon qui cherche sa voie ! »

A l'évidence, maintenant, il sait qu'il n'en fera pas un polytechnicien, mais, année perdue pour perdue, qu'il finisse sa classe de mathématiques supérieures et qu'après il détermine lui-même ce qu'il veut faire dans la vie, avocat, médecin, ou même capitaine au long cours !

Après tout, il s'en fiche, du moment que Jacques soit heureux ! Mais là, attention ! une fois son choix fait, il devra s'accrocher, sinon, il aura affaire à son père...

Le regard qu'adresse Marie-Louise à François est chargé de reconnaissance au point que l'on croirait un regard d'amoureuse.

Février 1951

Place Saint-Germain-des-Prés, nous passons avec Marie-Louise devant une galerie d'art, « la Hune ». C'est l'un des lieux de promenade de Jacky, et je la laisse contempler des lithographies d'art abstrait exposées dans la vitrine.

Il fait froid, je ne connais pas les salons de thé du quartier, et nous nous engouffrons dans *les Deux Magots*. Mon Dieu, quel étrange monde ! Les femmes moulent indécemment leur poitrine dans des pull-overs noirs et ont des yeux plus maquillés que des actrices avant d'entrer en scène, mais le thé est bon et les toasts sont préparés avec soin.

Marie-Louise m'interroge sur le sens des lithographies qu'elle vient de contempler : elle cherche à comprendre pourquoi Jacques s'est tellement entiché d'art abstrait. Je lui avoue là-dessus mon inculture, et lui dis que je suppose que cela doit répondre aux problèmes du moment, comme Picasso et les surréalistes correspondaient aux angoisses d'avant guerre, mais que, personnellement, j'ai besoin d'une touche de figuratif.

Elle cherche tellement à conserver sa complicité avec son fils qu'elle voudrait parvenir à en partager les admirations, les engouements. C'est presque une confidence d'amoureuse.

Beau garçon comme il est, elle ne comprend pas que Jacques ne fasse pas plus de conquêtes, qu'il se désintéresse des surprises-parties et se confine dans une solitude anormale avec ces livres d'occultisme.

Je lui dis que je trouve normal, après les grands moments d'intensité qu'il a vécus dans son expérience de pilotin, qu'il fasse le point avec lui-même. Et puis, il se sent horriblement mal dans cette classe où il est entouré de camarades qui, contrairement à lui, n'ont jamais eu d'autre occupation que scolaire. Jacques est tout sauf un garçon frivole, et elle devrait s'en féliciter.

Mai 1951

Ce voyage, je l'ai remis sans cesse, mais je me suis enfin décidée à aller à Runderoth... dire que je ne suis pas retournée en Allemagne depuis 1938 !

Le Dom à Cologne dresse toujours sa flèche, et la ville est en pleine reconstruction mais, à Runderoth, quelle catastrophe ! Tous ces merveilleux jardins qui dévalaient jusqu'à l'Agger sont dévastés, à l'abandon, et l'on a construit une route en contrebas, à la place d'une hêtraie qui fermait le parc.

Hilda est morte, et tante Anna vieillit entre trois chats et Gessner, qui la sert encore, aidé par une petite bonne.

Maintenant, on est à un peu près certain que l'oncle Otto a été empoisonné par la Gestapo. A la tête du *Konzern* lui a succédé un troisième cousin bâtard que j'ai à peine entrevu, Heutsch von Amerongen, qui, pendant la guerre au Portugal, a essayé de venger son père en se mettant, lui et sa fortune, à la disposition de l'amiral Canaris.

La mère de Heutsch, je m'en souviens maintenant, était une secrétaire d'oncle Otto, une *Fraulein Pflicht*, et la tante Anna, qui n'a pas perdu son sens de l'humour, me fait remarquer que *Pflicht*, « le devoir » en allemand, est féminin, et me dit que mon oncle a fini par accomplir son devoir.

Elle se tient au courant de tout et s'amuse à l'idée que la construction européenne qui se fait enfin soit l'œuvre de trois germanophones : Adenauer, Robert Schumann, qui est lorrain, et Gasperi qui est né autrichien dans le Trentin. Pour elle, c'est la première grande chance de l'Allemagne vaincue qui, sinon, avec ces épouvantables Américains aurait risqué de perdre son âme.

Aussi bref qu'il ait été, ce voyage m'a dépaysée et fait

prendre du recul par rapport à Marie-Louise. Nous sommes si dissemblables que, dans ma couchette du retour, je m'interroge sur les raisons profondes de notre amitié ; peut-être, après tout, l'amitié n'est-elle pas autre chose que des relations d'habitude.

Si Marie-Louise s'accroche tellement à moi, ce n'est que parce que j'ai vu grandir Jacques et que, témoin privilégié de son éducation, je suis la seule à qui elle puisse confier sa passion obsessionnelle de mère pour son fils.

L'emprise que continuent à exercer François et Marie-Louise sur leur fils, maintenant qu'il est adolescent, me paraît du délire, et je crains pour eux qu'un jour il n'en vienne à se révolter contre une mère à l'affût de ses moindres désirs et un père aussi exigeant et inflexible.

Plus qu'un père, François se comporte en préfet des études. Il en a le visage froid et inquisiteur quand il s'enquiert des résultats scolaires de Jacques : des résultats, rien que des résultats ! pour ensuite se plonger dans la lecture de *l'Equipe* de Paris Presse, ou, avec nous, se laisser accaparer par une partie de bridge.

Finalement, Marie-Louise est sans doute plus ambitieuse pour son fils que François, mais elle déplore tellement le manque apparent d'affection du père pour son fils qu'elle l'infantilise en le couvrant de prévenances et d'attentions.

J'ai tellement vu autour de moi de mères qui, par excès d'amour maternel, avaient provoqué chez leurs fils une révolte haineuse à leur encontre — et quelquefois pire, dans un climat d'idolâtrie réciproque, en faire des homosexuels —, que Marie-Louise devrait se méfier. Mais, quand il s'agit de son fils, impossible de rien lui faire entendre.

Juillet 1951

Nous emmenons les Chirac déjeuner en forêt de Saint-Germain chez *Cazaudehore*. Les dimanches d'été, avec ses jardins au milieu de la forêt, c'est un restaurant tellement reposant, où pour les hommes il fait bon tomber la veste.

Marie-Louise s'apprête à partir avec Jacques à Sainte-Féréole. Comme l'avait exigé son père, il a terminé sa classe de mathématiques supérieures, non pas brillamment, mais assez correctement pour obtenir de passer en mathématiques spéciales.

Marie-Louise triomphe. Fort de ce résultat, le petit a décidé de s'inscrire à Sciences-Po.

François n'aime pas trop cette école de la rue Saint-Guillaume, une école de « glandeurs » pour fils de bonnes familles ; il va certainement y perdre son temps au milieu d'étudiants qui ne sont pas de son milieu, mais il pourra toujours reprendre mathématiques spéciales.

Marie-Louise lui fait remarquer que, sur son propre conseil, Jacques a choisi de s'inscrire à la section « service public », qui le fera certainement déboucher sur un poste de haut-fonctionnaire, et même pourquoi pas de préfet !

Pour ma républicaine de Marie-Louise, être la mère d'un préfet serait le pinacle, et je suis certaine qu'elle imagine déjà Jacques avec une casquette chamarrée de feuilles de chêne.

François ne partage pas son enthousiasme, mais il a passé un contrat avec son fils et doit le respecter ; même s'il se méfie de ce genre d'école où l'on apprend tout et rien.

Dans le pire des cas, cela lui donnera une culture générale qui lui fait défaut.

15 août 1951

François, célibataire, vient déjeuner à Pontoise pour le 15 août ; Michel, qui fait son service militaire, est en permission.

Quand François lui demande quel est son grade, Michel lui répond barman, et lui raconte ses mésaventures militaires : après avoir refusé de faire les E.O.R., il avait dû comparaître devant une sorte de conseil d'officiers qui l'avaient accusé pêle-mêle de fascisme — à propos d'un livre de Nietzche trouvé dans son paquetage —, et de communisme, pour avoir, deux ans auparavant, entraîné par un camarade de classe, vendu au Quartier latin *la Vérité*, le journal trotzkyste. Je connais Michel, et je sais que c'était beaucoup plus pour échanger des coups de poing dans la rue que pour des convictions politiques.

Toujours est-il qu'on l'avait muté dans un camp de munitions dans le Midi, où, en compagnie de sous-officiers cassés — de véritables communistes et de vrais petits condamnés de droit commun —, il avait été contraint de charger à Marseille des bombes à destination de l'Indochine.

Comme il avait remarqué, à chaque inspection générale, la couardise du commandant du camp qui craignait, avec toutes ces fortes têtes, de ne pouvoir respecter les cadences de chargement, Michel avait su négocier sa tranquillité contre une permission d'une semaine par mois à chaque homme, la suppression de la cérémonie aux couleurs et, pour lui, le poste de barman. D'ailleurs, tout cela n'avait aucune importance, car manquaient toujours, à ces chargements de bombes, les détonateurs pour les faire exploser.

Atterré, François lui demande s'il ne lui est jamais venu à l'esprit que c'étaient des Français qui se battaient en Indochine, et, goguenard, Michel lui répond que ce n'étaient pas les Indochinois qui avaient demandé aux Français de venir chez eux !

Plein d'une rage contenue, François me déclare sur un ton navré : « Ma pauvre Marguerite, j'ai le regret de te dire que ton fils est un paltoquet. »

Bien sûr, je regrette cette provocation puérile de la part de Michel, mais elle me révèle quand même la véritable échelle de valeurs en laquelle croit François.

En tout cas, il prend cette provocation tellement au sérieux que, dès demain, il va essayer de savoir — pour moi, mais pas pour mon fils — s'il existe un dossier militaire du ministère de l'Air, ce genre de dossier qu'il faut vite supprimer pour éviter, plus tard, je ne sais quels ennuis.

Otobre 1951

Je devais passer rue d'Assas à l'Institut catholique, et j'arrive pour dîner rue de Seine, bien avant Georges et François. Les fenêtres sont ouvertes, il y a des fleurs, et l'appartement me paraît débarrassé de ses toiles d'araignées occultistes et des vaticinations de cet abominable chaman, ce monsieur Delanovitch.

Marie-Louise a à peine le temps de me confier que Jacques lui paraît avoir trouvé enfin sa voie à Sciences-Po, mais que peut-être c'est seulement parce que c'est encore tout beau, tout nouveau, qu'il arrive tout agité. C'est à peine s'il m'effleure la joue d'un baiser; il n'arrive pas à mettre la main sur un cours polycopié dont il a justement besoin ce soir, dans tout un bazar de livres et de dossiers.

C'est une métamorphose : il porte cravate et paraît sortir de chez le coiffeur. Sa mère lui a acheté un complet bleu marine de Préfaillon, qui, comme il agite les bras, me paraît un peu court de manches.

Ce polycopié introuvable, Marie-Louise finit par le dénicher et lui propose de ranger et de classer tout ce fatras.

« Surtout pas, maman ! Laisse-moi mon désordre, sinon je suis perdu. »

Marie-Louise essaye de le tenter avec le chou farci qu'elle a préparé — surtout à son intention — mais non, ce soir il est débordé de travail, il doit préparer le cours de demain avec un autre Jacques, surtout qu'elle ne s'inquiète pas avant que nous ayons finis notre bridge.

Cet autre Jacques, qui s'appelle Friedmann, est un gentil garçon, me dit Marie-Louise, un ancien de Carnot qu'il a retrouvé à Sciences-Po, mais elle a quand même peur qu'il ait mauvaise influence sur lui : sa mère est communiste.

Nous terminons notre bridge et Jacques n'est toujours pas rentré. Marie-Louise redoute qu'il manque son dernier métro; François hausse les épaules : il prendra un taxi !

Il est enchanté de ce petit Friedmann, un bosseur qui apprend à Jacky à travailler !

Comme Marie-Louise s'inquiète de l'influence de la mère de ce Jacques Friedmann, François lui répond qu'il n'y a pas de meilleur vaccin anticommuniste que d'avoir une mère qui milite au parti.

Novembre 1951

Marie-Louise me sort du placard de Jacques le smoking qu'elle vient de lui acheter pour les fêtes : « Là-dedans, mon grand Jacques est superbe ! C'est que maintenant, il ne fréquente, à Sciences-Po, que du "beau linge", rien que des enfants "du gratin" ! Tu parles, Marguerite ! le fils de François Poncet, une fille Schlumberger, Laurence Seydoux et surtout une petite Wendel, Marie-Thérèse de Mitry, qui ne cesse de regarder Jacques avec des yeux d'amoureuse ! »

De jour en jour, elle se félicite du choix de Jacques pour Sciences-Po, et maintenant, le rêve qu'elle a eu d'être mère d'un préfet lui paraît dérisoire. Elle escalade des sommets. Jacques, pour le moins, sera ambassadeur de France, et puis, avec toutes ses « fréquentations », il ne peut faire qu'un beau mariage.

Quand elle pense à cette folle expérience de pilotin, elle revient de loin, et Jacques peut remercier son père d'avoir tenu bon pour s'opposer à cette foucade d'adolescent pour la mer.

Maintenant, il a oublié tous ses romans et livres de poèmes qui ne servaient qu'à le faire rêvasser, et ne regarde même plus ses lithographies d'art moderne — un caprice de jeune homme pour faire l'intéressant !

Depuis qu'il est entré à Sciences-Po, allumant cigarette sur cigarette et buvant café sur café — qu'elle lui prépare —, il n'arrête pas de bûcher.

François, lui, refuse de se laisser griser par le niveau social des nouvelles fréquentations de son fils. « Jacques, il faut lui remettre les pieds sur terre ! Nous n'habitons qu'un modeste appartement bourgeois du VIe, alors que tous ces fils de famille ont toujours vécu dans des hôtels particuliers ou des appartements splendides de la Muette, et un jour ou l'autre, ils le lui feront sentir ! »

Marie-Louise ne peut s'empêcher de révéler à Georges la dernière conquête de Jacques, cette Marie-Thérèse de Mitry qu'elle trouve si belle et pleine de charme !

Contrarié, François me confie qu'il espère que ce n'est qu'une amourette ; n'importe comment, il est un peu trop jeune pour penser à le marier, et puis cette Marie-Thérèse a deux défauts : elle est trop belle et trop riche, deux défauts capitaux qui portent en eux l'assurance d'un mariage malheureux !

Avant de partir, il me prend à part pour me confier gravement que mon paltoquet de Michel a effectivement un dossier à la sécurité militaire, mais que je ne m'inquiète pas ! il va intervenir, sinon Michel risque d'être arrêté dans le cas d'une déclaration de guerre. Je le remercie sans lui dire que je préférerais voir Michel passer une guerre en prison plutôt que servir de chair à canon.

Décembre 1951

Comme tous les hivers, je suis complètement accaparée par Bobigny. D'autant plus que l'abbé Dumont a tenté l'aventure de prêtre ouvrier. Bien sûr, il ne laisse pas tomber les enfants, mais se repose de plus en plus sur nous pour s'en occuper.

La première fois que je l'ai vu en pull-over et en blouson de cuir, j'ai été surprise, mais avec son regard tellement habité par la foi, il n'a pas besoin de soutane.

Pour aller à Bobigny, le chemin est interminable, et j'ai le temps de lire tout *Témoignage Chrétien* et *Combat*, que, bizarrement, Jacques apprécie... Je ne désespère pas, quand il aura fini sa crise de mondanités, de lui ouvrir les yeux sur la vérité ; peut-être est-ce la finalité de mon amitié avec Marie-Louise !

En tout cas, de l'autobus m'apparaît une vérité poignante sur les banlieues que je traverse, et je ne peux m'empêcher de penser aux descriptions de Céline dans le livre que m'avait recommandé François avant la guerre.

Février 1952

La rue Saint-Guillaume est tellement proche de la rue de Seine que Marie-Louise me confie avec une certaine fierté que son appartement est en train de devenir une annexe de Sciences-Po.

Effectivement, dans la soirée, il y a un mouvement de va-et-vient de jeunes gens bien nourris, bien habillés, et bien élevés, parfois accompagnés de jeunes filles, toutes en twin-sets de cachemire avec, immanquablement, un carré de soie Hermès. En recevant leurs hommages, Marie-Louise me semble s'élever de rang social.

Pour les aider dans leur soirée studieuse, elle leur prépare des litres de café, des canapés, et dispose partout des cendriers ; ils fument tous comme des sapeurs, et l'appartement, qu'elle aère assez peu, a pris des odeurs de compartiment fumeurs.

Plus grand que la plupart de ses camarades, et sans cesse agité, Jacques me semble vouloir jouer au chef — « Maintenant, assez parlé, au travail ! », et tout d'un coup m'apparaît une chose aussi inouïe que s'il avait changé de couleur d'yeux : il a perdu son accent de la Corrèze.

En l'écoutant un long moment disserter comme on peut disserter à cet âge avec un fils François-Poncet d'un livre de Raymond Aron, j'essaye de définir sa nouvelle façon de parler, qui n'est ni parisienne, ni universitaire, mais empruntée, manquant de naturel et de spontanéité.

J'en suis si surprise que je demande à Marie-Louise s'il n'aurait pas pris des leçons de diction. Avec un sourire énigmatique, elle me répond que c'est naturel, qu'à force de fréquenter tout « ce beau linge » de Sciences-Po, il a fini par parler comme eux.

Mars 1952

Georges est en voyage et, pour tromper ma solitude, Marie-Louise m'a invitée à dîner. J'avais oublié que je devais passer la journée à Bobigny, et je suis attifée d'après-ski, d'un vieux pantalon et d'une canadienne achetée au marché de Pontoise, mais, tant pis ! Je ne peux résister à l'intimité chaleureuse de la cuisine des Chirac. François continue à y faire chabrot, et Marie-Louise nous a confectionné un petit salé aux lentilles que j'apprécie vraiment.

François, à propos de ma tenue, me taquine pour mes bondieuseries. Impossible, je le sais, d'éveiller en lui la moindre lueur de charité. Il croit me choquer en prétendant que celui qui donne cherche surtout à se faire plaisir à lui-même, et je lui réponds qu'il ne fait que répéter ce que dit le Christ dans l'Evangile selon saint Matthieu. Puis, nous parlons de tout autre chose, de tout et de rien. Il craint que la guerre froide ne finisse par devenir chaude, mais, après tout, maintenant que tu connais la route de Sainte-Féréole, tu n'as plus à t'en faire.

La porte d'entrée claque, Jacques hurle, et quand il hurle, il retrouve encore certaines de ses intonations corréziennes. Il a perdu un cahier de notes qui lui sont indispensables pour la réunion de travail de ce soir. Une voix de jeune fille lui répond de ne pas se préoccuper : comme d'habitude, elle saura retrouver son classeur.

La jeune fille se présente à moi avec une esquisse charmante de révérence. On dirait un petit oiseau fragile, et avec son grand front et ses yeux à fleur de peau, elle est extrêmement touchante.

Devant Jacques qui piaffe, elle tient à s'excuser auprès de François et Marie-Louise, mais il a une fois de plus égaré ce classeur indispensable à la charrette qu'ils ont décidé de faire cette nuit, chez un autre étudiant.

Marie-Louise se propose de l'aider, mais la jeune fille l'assure qu'elle est la seule à pouvoir se retrouver dans le désordre de Jacques.

Bien sûr, elle retrouve le classeur. Le temps pour Jacques de se couper une tranche de saucisson et de boire une gorgée de vin et il l'entraîne séance tenante, sans même lui offrir le moindre morceau de pain.

« Il fallait bien qu'un jour ou l'autre tu connaisses cette Bernadette de Courcel, me dit Marie-Louise en appuyant sur la particule. Jacques, elle ne le mange pas des yeux, elle le dévore. »

François trouve que c'est une bien brave petite et que Jacques exagère de l'utiliser sans vergogne. Comme il n'a jamais aimé trop lire, surtout les ouvrages indigestes qu'on lui impose à Sciences-Po, il l'oblige à rédiger des fiches de lecture qui lui permettent, vis-à-vis de ses professeurs, de faire état d'une fausse culture générale.

En tout cas, Marie-Louise admire leur entente dans le travail, et elle finit par se dire que peut-être... ?

François hausse les épaules. Marie-Louise ne va quand même pas chercher à le marier à son âge, il a encore tout le temps... mais peut-être que, dans le fond de lui-même, François y pense également. En tout cas, il s'est renseigné sur le père de Bernadette qui, en plus de diriger les faïenceries de Giens, serait plus ou moins chargé des placements financiers du Vatican dans l'immobilier, et il me chine en disant : « Voilà bien comme les curés pensent à tes pauvres ! »

Monsieur de Courcel serait partie prenante dans la construction de l'immeuble le plus haut de Paris, quai Louis Blériot.

Finalement, peut-être est-ce sous l'influence de cette timide Bernadette que la rue de Seine me paraît apaiser François, qui semble avoir oublié tous les sarcasmes dont il accablait son fils, surpris qu'il est par son évolution studieuse.

Mai 1952

Ma marieuse de Marie-Louise aurait aimé inviter pour les vacances Bernadette à Sainte-Féréole, mais les Courcel sont apparemment des gens assez stricts, et, malgré son envie,

Bernadette n'obtiendra jamais la permission de ses parents, qui ont prévu qu'elle passe ses vacances avec son frère Jérôme et sa sœur Catherine en Savoie, auprès d'eux.

Pour cette liaison qu'elle favorise, elle craint beaucoup le voyage en Suède que va entreprendre Jacques avec un camarade, jusqu'au cap Nord. Elle n'aime pas trop cet ami de Jacques qui est un drôle. François trouve au contraire que la réussite à son examen de fin d'année vaut bien cette récréation, et puis que les voyages forment la jeunesse ! Quand il dit que les voyages forment la jeunesse, je me doute qu'il pense pour son fils à ces blondes Scandinaves qui sont à la mode en ce moment, ce que craint justement, sans oser le lui dire, Marie-Louise.

En prétendant qu'avec les restrictions de change un voyage aussi long à l'étranger lui paraît difficile, elle tente un dernier combat d'arrière-garde, mais François la rassure : il a déjà prévu de mettre à sa disposition dans une banque suédoise un viatique qui les mettra en dehors du besoin, et je suis bien certaine que Marie-Louise préparera avec soin la valise de son aventurier.

Pratiquement, on ne parle jamais de politique à la table des Chirac, mais comme ils continuent d'avoir cette déplorable habitude d'allumer la radio à l'heure des repas, certaines informations, parfois, provoquent un commentaire, comme celui de Jacques qui, au déjeuner, s'est lancé — avec une force de conviction tellement juvénile ! — dans un discours s'élevant contre le danger nucléaire que font planer les Américains sur le monde, et contre le général Ridgway qui risque d'entraîner les Français, malgré eux, dans une guerre contre l'U.R.S.S.

C'est tellement outré que son père éclate de rire : « Je ne sais pas ce qu'on vous fait lire à Sciences-Po, sans doute *l'Humanité*, mais tu devrais demander à Bernadette de te faire une fiche de lecture sur le livre de Kravtchenko, *J'ai choisi la liberté.* »

Vexé comme un dindon, Jacky se lève. Comme pour

mieux lui faire sentir qu'il le considère encore comme un enfant, François le rappelle pour qu'il vienne dire au revoir.

Avec les jeunes, il ne faut surtout pas donner l'impression de prendre au sérieux ce genre de divagations, même si elles vous ont énervé. Mais, dans le fond, cela n'a pas plus d'importance qu'une crise d'acné juvénile.

Quand même, François va essayer de se renseigner, par la bande, auprès de Bernadette, pour savoir qui a bien pu l'influencer. Jacques est encore terriblement malléable, et il serait bien capable d'aller vendre *l'Humanité-Dimanche* place Saint-Sulpice, comme lorsqu'il avait recueilli les signatures pour l'appel de Stockholm. Et, dans la carrière de haut-fonctionnaire qu'il souhaite, cette erreur de jeunesse pourrait compromettre son avenir.

J'ai bien l'impression que cette petite Bernadette finit par s'installer dans l'esprit des Chirac.

Novembre 1952

Il y a assez longtemps que je n'ai pas vu les Chirac, et nous nous retrouvons presque par hasard au mariage de Catherine Gilet, la fille d'Hélène. Avec Hélène, nous avons été tellement liées, avant guerre, que je me sentais obligée d'aller au mariage de sa fille.

La réception a eu lieu dans les salons du *Georges V*; depuis que, pratiquement, j'ai abandonné toutes mes relations mondaines, j'ai l'impression de ne plus connaître personne, et j'essaye en vain de mettre des noms sur toute sorte de visages qui me disent quelque chose.

Heureusement, Georges est là pour me rafraîchir la mémoire. Tout d'un coup, j'aperçois François et Marie-Louise. Mon Dieu, comme elle a changé ! — une évolution imperceptible quand nous nous voyions continuellement, deux fois par semaine, à Neuilly et rue de Seine. Sa nouvelle élégance discrète me paraît tout à fait appropriée à ce milieu qui n'est pourtant pas simple, et elle est tout à fait à son aise en parlant. Elle est même parvenue à gommer le plus gros de son accent corrézien et à chasser la plupart de ses tournures de conversation qui me faisaient sourire.

A l'évidence, elle est devenue la mère d'un élève de Sciences-Po, en attendant de devenir la belle-mère d'une Bernadette de Courcel.

Janvier 1953

La rue de Seine s'est mise à l'heure américaine. Jacky s'est découvert une nouvelle passion pour les Etats-Unis : il ne manque aucun numéro de *Look* ou de *Life*, dévore des romans policiers, écoute des disques de jazz, traîne chez *Brentano's* et s'habille à l'américaine avec un blouson et des pantalons larges.

Rebuté par les deux tomes du livre, trop volumineux, de *The Big Money*, il a abandonné la lecture de Dos Passos et s'est rabattu sur Steinbeck. C'est dommage : s'il veut aller aux Etats-Unis, il sera plein d'*a priori* manichéens sur ce pays, en lui appliquant les mêmes critères, tellement européens, de gauche et de droite, et en en oubliant surtout la foi évangélique qui en demeure la base essentielle.

En fait, malgré Sciences-Po, il ne diffère en rien de tous ces jeunes qui, autour de moi, ne perçoivent l'Amérique que comme un film en Technicolor où ils voudraient figurer.

Mars 1953

Cette nouvelle façon relâchée de s'habiller à l'américaine de Jacques énerve Marie-Louise, et elle a peur qu'il ne se disperse.

Ce n'est vraiment pas le moment de s'éparpiller, car il lui faut obtenir brillamment son examen de Sciences-Po cette année pour préparer ensuite, l'année prochaine, le concours de l'Ecole nationale d'administration. Je ne sais pas en quoi consiste cette nouvelle école, mais Marie-Louise m'assure que c'est mieux que Polytechnique et l'Inspection des finances pour devenir haut-fonctionnaire ou conseiller d'Etat. C'est, en quelque sorte, un peu comme le concours d'internat pour les étudiants en médecine.

Malgré tout, Marie-Louise demeurera toujours au fond d'elle-même fille d'instituteur, et en poussant Jacques à devenir haut-fonctionnaire, elle sait que pour le restant de sa vie il ne connaîtra jamais aucun risque existentiel.

Mai 1953

Il y a trois ans, j'étais amenée à m'occuper à Bobigny du cas dramatique d'une fille mère de deux enfants, que j'ai finalement prise à mon service; je m'en félicite et, d'ailleurs, elle est bien suffisante pour Georges et pour moi.

J'ai pu l'aider à placer ses deux enfants dans une famille nourricière d'Eure-et-Loire. Entretemps, elle en a eu un troisième. Je crains toujours, pour elle, le bal du 14 Juillet.

Je me sens obligée de lui donner le samedi après-midi et le dimanche pour qu'elle puisse voir ses enfants. Comme elle s'appelle également Bernadette, Marie-Louise sursaute à chaque fois que je l'appelle.

Sans aide domestique, nous en sommes réduits à inviter, ce premier dimanche de mai, les Chirac au pavillon Dauphine, à l'entrée du bois de Boulogne. La terrasse de ce restaurant m'a toujours fait penser à Vienne.

A la table voisine, il y a deux Américains et leurs femmes; l'un deux porte un curieux blazer écossais, sa compagne est étonnamment belle.

Le regard de François s'attarde un moment sur elle : il a cru reconnaître une actrice dont j'ai oublié le nom.

« Nous voilà déjà en Amérique », nous dit-il en annonçant que Jacques est tellement certain des résultats de son examen de fin d'année qu'il vient de s'inscrire à l'université d'été d'Harvard.

Pour Marie-Louise, ce voyage représente une aventure si lointaine, si exotique et si dangereuse qu'elle peut à peine se l'imaginer.

Pour François, il ne peut que faire acquérir à Jacques une maturité qui lui manque. En fait, même s'il est un brillant étudiant, il est quand même par certains côtés resté très écolier. Grâce à la mémoire que François n'a cessé de lui faire développer, il est capable d'avaler ses cours polycopiés et les notes de lecture de livres qu'il est censé avoir lus, mais tout cela lui semble terriblement superficiel.

Ce voyage américain lui montrera si Jacques est capable de se débrouiller dans la vie. D'ailleurs, il ne part pas seul. Ils seront trois : lui, une fille et un garçon de Sciences-Po — un sacré « démerdard » qui est parvenu à leur obtenir une bourse pour l'argent du voyage et de leur séjour —, et puis, là-bas, comme tous les Américains, ils trouveront certainement sur le campus des petits boulots de laveur de voiture ou de serveur qui leur paieront leurs petits superflus.

Il se sent quand même obligé de rassurer Marie-Louise. Surtout qu'elle ne s'inquiète pas, il a déjà prévenu les correspondants à New York de Marcel Dassault, qui prendront Jacques en charge s'il lui arrivait quoi que ce soit... et l'aile protectrice de Marcel Dassault qui protégera son fils la rassure définitivement.

Mai 1953

Offusquée, scandalisée, Marie-Louise me téléphone que le pauvre petit est fiché comme communiste à l'ambassade des Etats-Unis, vraisemblablement à cause de cette bêtise d'appel de Stockholm, et qu'il s'est vu refuser son visa.

Je me moque d'elle en lui disant que les portes du paradis américain sont bien gardées, mais elle est certaine que François, avec ses relations, parviendra à les lui faire ouvrir. Le pauvre Jacques a tellement bien travaillé cette année qu'il serait trop déçu.

Juillet 1953

Avant qu'ils ne partent à Sainte-Féréole, j'ai convié pour un dernier bridge les Chirac à Pontoise.

Nous devons nous-mêmes, avec Georges, aller passer quelques jours à la Réserve Knokke sur le littoral belge. Je me fais une fête de retrouver Bruges, et j'espère que Georges m'accompagnera à Rotterdam pour revoir le musée Boymans. Je n'ai invité personne d'autre, et je m'en félicite. Marie-Louise est d'une telle humeur que François arrive à peine à la calmer. Elle a les lèvres pincées des mauvais jours.

Elle savait bien qu'il ne fallait pas laisser entreprendre à Jacques ce voyage en Amérique.

« Quand je pense qu'il a trouvé moyen de tomber amoureux de cette gourgandine dont il a eu l'aplomb de nous envoyer une photo ! Regarde-moi un peu la septième merveille du monde », me dit-elle en me montrant la photo d'une jeune fille très classiquement « collège girl », avec, comme toutes les Américaines, des tâches de rousseur et un regard vide.

Mais le pire, c'est que cet imbécile de Jacques a été capable de lui proposer des fiançailles.

« Mais tu te rends compte, Marguerite, me laisser arracher mon fils par une Américaine !... Et quand je pense à cette pauvre petite Bernadette. » François, pour la calmer, l'assure que ce n'est sans doute qu'une aventure de vacances : Jacques aura agi comme tous les adolescents timides et maladroits avec les filles, qui, faute de pouvoir coucher avec elles, proposent d'emblée des fiançailles au premier jupon qu'ils rencontrent.... « Avec une Américaine, me faire cela à moi », ne cesse-t-elle de répéter, consternée.

François la supplie de ne pas prendre cet amour de gamin au sérieux : il connaît les Américaines, elles sont tellement fleur bleue que tous les deux doivent se contenter, en se tenant la main, de contempler l'océan.

Il est allé avant guerre pour le compte de Potez dans le Massachusetts et il y a des coins très beaux, très romantiques, qui ressemblent à la Bretagne. Mais Marie-Louise s'imagine déjà Jacques, par le truchement de cette jeune fille à taches de rousseur, happé par le Moloch américain, et voit s'évanouir tous ses rêves de Conseil d'Etat et de haut-fonctionnariat pour son fils.

Il faut, dès maintenant, à l'instant, que François lui écrive une lettre comminatoire pour l'empêcher de faire une pareille bêtise.

En battant les cartes, François remet sa lettre au lendemain et nous pouvons commencer notre partie de bridge.

Septembre 1953

De retour des Etats-Unis, Jacky n'a rien du jeune Werther ; pour un garçon qui vient de briser ses fiançailles, il me paraît particulièrement épanoui.

Il a vécu toutes sortes d'aventures : il a été plongeur, chauffeur, et que sais-je encore, et François est satisfait qu'il soit arrivé à se débrouiller tout seul et qu'il ait pu, comme chauffeur, traverser toute l'Amérique, d'est en ouest.

Ce dont Jacques est le plus fier, c'est de ses mocassins de marque « Sébago », que portent tous les étudiants américains ; des chaussures qui, même neuves, ne lui ont jamais fait mal aux pieds. En fait, il semble tout heureux d'avoir retrouvé son cocon familial. Marie-Louise est en admiration devant ce grand américain bronzé, en pleine forme pour attaquer sa troisième année de Sciences-Po, en attendant l'Ecole nationale d'administration.

Bernadette ne va pas en revenir de le voir dans une aussi belle forme !

Octobre 1953

L'inquiétude qu'a donnée à Marie-Louise l'annonce de ces fausses fiançailles l'a certainement poussée à hâter les vraies fiançailles de Jacques avec la petite Bernadette.

Entre elles deux s'est établie une complicité qui ne trompe pas.

Marie-Louise, qui est tellement soupe au lait, en sa présence se domine, et Bernadette ne se lasse pas de l'écouter raconter des anecdotes d'enfance de Jacques.

Marie-Louise s'efforce surtout de la mettre à l'aise avec François, qui lui fait ressentir que, rue de Seine, elle est chez les Chirac et qu'elle doit s'habituer à leur manière de vivre.

Avec Georges, je reviens de la cérémonie de fiançailles qui a eu lieu boulevard Raspail, dans l'appartement bourgeoisement splendide des Courcel. L'abbé Dumont ne se serait pas senti à son aise au milieu de tous ces chrétiens guindés et convenables dont il a horreur, de tous ces paroissiens de Sainte-Clotilde qui considèrent cette église plus comme un cercle mondain que comme un lieu de prière.

A cette réception, il y avait deux clans : celui, minoritaire, des Chirac, et celui, très comme il faut, des Courcel. Tous ces notables aux vestons ornés de la Légion d'honneur me paraissent tout droit sortis des feuilles jaunies d'un roman de Paul Bourget, avec un zeste de Maurice Barrès.

Bernadette rayonne, observant d'un coin d'œil amoureux Jacques. Elle semble certaine qu'avec son allant et sa spontanéité il parviendra à la faire sortir des poussières de ce cabinet des antiques auxquels la vouait toute une éducation traditionaliste... Elle assume pleinement ses futurs beaux-parents et, dans un sens, je l'admire.

Novembre 1953

Ce luxe de bon aloi de l'appartement des Courcel, tous ces meubles, ces tableaux, ces tapis qui ont été accumulés par des générations de notables, cette crédence du XVIIIe à laquelle on ne fait plus attention car il a toujours été dans la famille, Marie-Louise n'en a aucune conscience. Rue de Seine, elle se sent quand même mieux qu'au milieu de toutes ces vieilleries, mais, à propos, maintenant qu'elle est fiancée, elle va enfin pouvoir montrer à Bernadette l'argenterie qu'a léguée, avec sa maison de Cahors, la tante Gallet à Jacques.

La tante Gallet, bien sûr, je m'en souviens surtout à cause des foies gras qu'elle apportait à chacun de ses séjours à Paris, et de son coulis de tomate, sa fierté.

C'était une enseignante à la retraite, à chignon, avec toute la bonhomie du sud-ouest, qui trouvait que Marie-Louise ne gâtait pas encore assez Jacky : elle était si fascinée par son neveu qu'elle en avait fait son héritier universel.

Marie-Louise m'appelle dans le vestibule et me sort d'une grande armoire la fameuse ménagère de la tante Gallet, une horrible argenterie à filet façon marquise de Pompadour : « Au moins, me confie Marie-Louise, pour les couverts, quand elle recevra, Bernadette sera équipée. »

Décembre 1953

Mon amie Odette Blanche est parvenue à collecter pour mes œuvres deux valises de vêtements d'enfants. Elle habite boulevard Saint-Germain, à côté de la cour de Rohan, et je demande à Michel de m'accompagner en voiture pour les y prendre.

Après, nous irons déjeuner rue de Seine, et j'espère dans mon for intérieur qu'il trouvera le temps, dans l'après-midi, de m'accompagner jusqu'à Bobigny.

De Michel, je ne sais en fait que penser; c'est malheureusement un viveur, mais, quelquefois, il a des attentions qui me surprennent.

En fait, je le connais de moins en moins. Il a pris son indépendance à dix-huit ans, et j'envie, malgré moi, Marie-Louise d'avoir une telle emprise sur son fils, d'être parvenue à établir avec lui une telle complicité confiante. Mais Jacques est merveilleusement docile tandis que Michel est malheureusement né avec un esprit de révolte.

Autant il aime Marie-Louise — il se souvient encore, à

Sainte-Féréole, que, réveillé par un cauchemar, Marie-Louise l'avait chatouillé jusqu'à ce que son rire finisse par chasser les démons de son mauvais rêve —, autant il ne peut supporter François, qu'il considère comme un m'as-tu-vu inculte et prétentieux, et Jacques comme un « faux derche ». Comme je ne comprends pas ce mot d'argot, il me précise : *wie ein Arch*, un faux cul.

Malheureusement pour Michel, François et Jacques sont du repas, et avec la violence de mon fils, je crains une altercation.

Pour une fois, je suis heureuse que leur sempiternelle radio couvre la conversation du déjeuner, mais, quand elle se met à jouer *la Marseillaise* pour annoncer le discours du dernier président — il y en a eu tellement qu'il m'est impossible de rappeler leurs noms —, Jacques, mu comme un pantin, se lève brusquement pour se fixer au garde-à-vous.

Même ses parents le regardent interloqués, et Michel, éberlué, lui demande s'il s'exerce pour son prochain service militaire puis, goguenard, ajoute : « Repos deuxième classe Chirac, j'ai dit repos ! » Mais, impassible, le menton dressé en avant, Jacky attend la fin de *la Marseillaise* pour se rasseoir.

« Vous pourriez avoir un minimum de respect pour l'hymne national, nous déclare-t-il avec une grandiloquence presque hugolienne.

— Tu ferais mieux de finir de manger le sang impur de ton boudin, il va être froid », lui lance Michel. Jacques, méchamment, lui répond qu'avec le service militaire qu'il a fait, il ferait mieux de se taire.

Heureusement, Bernadette arrive à temps pour désamorcer l'inévitable altercation que je redoutais.

Aujourd'hui, elle n'est pas spécialement en beauté : elle devrait prendre un peu plus soin de ses cheveux, qu'elle a fins comme les miens et qui ne supportent pas de ne pas être lavés.

Finalement, je regrette que Michel ait accepté de m'accompagner jusqu'à Bobigny. Pendant tout le parcours, il n'arrête pas d'être odieux à propos de Jacques. A la hauteur de la porte Saint-Denis, il est encore secoué de fou rire en pensant à l'intermède comique de cette *Marseillaise* et, à la place Stalingrad, il est obligé d'arrêter sa voiture pour laisser éclater son rire en me rappelant le jour où Jacques nous a sorti que Richard Wagner avait été un dirigeant du parti nazi.

Je lui déclare que, tout de même, Jacques réussit brillamment des études qu'il aurait été sans doute incapable d'entreprendre, mais il me répond qu'il y a des tas d'imbéciles capables de réussir des mots croisés, mais qu'en tout cas mon petit chéri de Jacques ne manque pas de courage pour oser se montrer avec une telle pimbêche que cette Bernadette.

La méchanceté de son cœur pour un ami d'enfance me désole. Après tout, perdu pour perdu, que Michel aille coucher où il veut avec qui il veut, mais quand il va porter les valises de vêtements à Amparo, elle me confie que je ne connais pas ma chance d'avoir un fils pareil, un jeune homme chaleureux et sincère, un « *hombre sincero* », et je crois comprendre qu'en espagnol c'est un très grand compliment.

Janvier 1954

En l'honneur de l'aînée de ses nièces, Jeanine Rémignon, Marie-Louise nous invite à dîner. Jeanine est l'épouse d'un capitaine de vaisseau qui commande à Toulon un bâtiment important, *le Georges Leygues*. Elle était veuve d'un officier de marine corse. Elle s'est remariée avec son meilleur ami, en quelque sorte, me prévient Marie-Louise, une union de consolation.

Jeannine a le même sourire énigmatique que Jacotte, qu'elles tiennent sans doute de leur éducation en Indochine. Elle ne fait en rien femme d'officier, pas plus, d'ailleurs, que son mari ne donne une apparence de militaire.

Je crois que, chez les officiers de marine, la passion de la mer leur importe beaucoup plus que celle des armes.

Sur les événements en Indochine, il est terriblement pessimiste : au sortir de la guerre, de Gaulle, dans sa folie de vouloir rétablir l'empire colonial, a ruiné toute l'œuvre de l'amiral Decoux, qui avait su maintenir la souveraineté de la France dans une Indochine pourtant occupée par les Japonais.

Ce fou sanguinaire d'amiral d'Argenlieu — qu'il avait envoyé dans ce dessein à Saigon —, en ordonnant le bombardement d'Haiphong, n'avait réussi qu'à transformer la rébellion en guerre véritable, et il n'avait pas cessé d'encourager son beau-père à regagner la France, en sauvant, pendant qu'il en était encore temps, la fortune qu'il avait acquise en Cochinchine.

Il a eu de longues conversations avec Jacky, qui n'a cessé de l'interroger sur la marine, et a été surpris de l'intelligence des questions qu'il posait; à l'évidence, c'est un garçon qui aurait été brillant à l'école navale. En plus, il a le respect de la hiérarchie, et pour un garçon de cette génération d'après-guerre qui affecte de ne croire en rien, son sens des valeurs nationales le surprend.

Mars 1954

Après vingt ans de séparation, Marie-Louise retrouve enfin son frère Jean qui a décidé de s'installer à Paris avec son épouse, Jacotte et sa fille cadette dans un grand appartement qu'il a trouvé en moins d'un mois, avenue Emile Augier.

A l'opposé de Marie-Louise, c'est un homme d'une grande discrétion, qui ne fait nul étalage de la fortune considérable qu'il a amassée en Asie. Il a perdu jusqu'au souvenir de la Corrèze, et, avec son léger zézaiement, il met tout de suite en confiance.

Son élégance discrète correspond tout à fait à ce quartier de la Muette où il a décidé de vivre.

Son seul regret est de ne pas avoir eu de garçon. Il aurait aimé initier son neveu, Jacques, aux affaires. Lui qui a été le premier des Valette à avoir quitté sa dépendance de fonctionnaire pour voler de ses propres ailes s'amuse des ambitions de Jacques pour la fonction publique. En fait, dit-il en s'amusant, c'est un véritable Valette, au service de la république.

Mai 1954

Ma conception désespérément romantique des fiançailles ne comprend pas l'attitude de Jacques.

Rien n'a l'air d'avoir changé dans sa vie, et ses fiançailles ne me paraissent pas aller plus loin que ce genre de camaraderie complice que réclame un élève médiocre à un prix d'excellence de la classe.

Bernadette l'admire tout autant que Marie-Louise ; en fait, les deux communient dans une même admiration pour Jacques, et, malgré leurs différences sociales et d'âge, on ne décèle aucun soupçon de conflit entre Marie-Louise et Bernadette.

Jacques joue au bel indifférent et Bernadette découvre les rites, nouveaux pour elle, de la petite bourgeoisie. Elle s'applique à les observer, vouvoyant François qui la tutoie, et ose même parcourir *Paris-Presse*, le journal populaire favori des Chirac.

Tandis qu'elle apprend à faire chabrot dans la cuisine, Jacques essaye de se pénétrer des usages de sa future belle-famille, surtout sur le parvis de Sainte-Clotilde, à la sortie de la messe, la réunion mondaine par excellence du VIIe arrondissement.

Il finit par adopter le ton protecteur et aimable de ce monde si particulier, et me fait désagréablement penser à Julien Sorel quand il se prépare à la prêtrise dans *le Rouge et le Noir*.

La foi qui habite Marie-Louise, je la connais bien. C'est

une conviction simple, rustique, qui se contente de croire en une force supérieure du destin, ignorant que le Christ, en venant parmi nous, en nous libérant par le baptême du péché originel, nous avait apporté la liberté, ce redoutable libre arbitre. Mais celle qui habite Bernadette ? En fait, a-t-elle réellement une foi ? Je crains qu'elle n'obéisse qu'à des convenances et des usages d'un catholicisme qui, à force de compromissions avec l'Etat et les classes possédantes, a fini par se vider de son essence.

Quand je pense à tous ces ridicules prédicateurs de carême qui, avant guerre, à Notre-Dame, se prenaient pour des divas, je suis certaine que *Témoignage chrétien* a raison. Cette église-là est autant responsable que les capitaines d'industrie d'avoir fait des ouvriers « des damnés de la terre ». Les bergers ont laissé à l'abandon leurs troupeaux, qui se sont précipités dans les verts pâturages clos de barbelés du communisme.

En soutane de soie, entre deux petits fours, chez une quelconque madame de Courcel, ces prêtres se contentent d'absoudre les doux péchés véniels d'une quelconque Bernadette.

Juin 1954

Jacques a beau être primaire, inculte, scolaire comme le prétend Michel, il vient tout de même d'être reçu à l'examen terminal de Sciences-Po et avec la troisième place, encore ! Et même si Jacques est incapable d'approcher comme lui le mysticisme romantique d'Hölderlin, Michel, qui a abandonné ses études après un bac péniblement obtenu, devrait cesser de le mépriser.

Toute à la joie de cette réussite de Jacques, Marie-Louise m'agace quand elle me dit, peut-être sournoisement, d'être sans crainte pour l'avenir de Michel, qui, avec son dilettantisme et son esprit fantaisiste, saura toujours s'en sortir.

Elle, elle peut maintenant être certaine d'un bel avenir

pour Jacques, et Bernadette en est encore bien plus persuadée, qui maintenant se comporte en fiancée soumise vis-à-vis de l'heureux lauréat qu'il est. C'est sans une plainte, sans une récrimination qu'elle le laisse, le mois prochain, retourner en Suède avec son ami Michel François-Poncet.

Tous les deux prétendent qu'ils veulent soi-disant étudier sur place le miracle de cette sociale-démocratie qui leur semble, *a priori*, la solution que pourrait tenter d'appliquer à la France un homme comme Mendès-France, qui me paraît être la coqueluche de Sciences-Po.

Depuis cette aventure sans lendemain avec son béguin américain, Marie-Louise craint de laisser Jacques livré à lui-même dans cette Suède aux mœurs qu'on prétend tellement libres.

Comme toutes les mères, elle imagine que son grand garçon est assez séduisant pour risquer d'être la proie de toutes ces blondes scandinaves qui l'entoureront, mais elle est bien décidée à défendre, cette fois-ci, bec et ongles la gentille Bernadette.

François la rassure : son camarade François-Poncet lui semble être un bon vivant, qui connaît certainement trop la vie pour laisser son copain, Jacques, se laisser à nouveau « embobiner ».

Août 1954

Les dimanches d'été, François aime à venir se reposer à Pontoise. Il y a pris ses habitudes, et a même sa chambre, « la chambre de monsieur François », comme dit Bernadette.

Cet été, il a une raison de plus de laisser la rue de Seine : à peine revenu de Suède, Jacques a pratiquement réquisitionné l'appartement pour préparer son examen d'entrée à l'E.N.A. Il ne fait rien à moitié et, « quand il bûche, il turbine vraiment », c'est incontestablement un bosseur encore plus vaillant qu'il ne l'était lui-même à son âge.

Je lui confie mon admiration pour Mendès-France, qui a su parvenir à arrêter cette monstrueuse guerre d'Indochine.

« Tu vois que, finalement, le radicalisme a du bon, mais je crains que les Français ne lui soient pas longtemps reconnaissants ! », et il ajoute que les Français n'aiment pas les hommes de paix, en preuve, ce cardinal Dubois, natif de Brive-la-Gaillarde, peut-être le plus grand des Corréziens, qui assura un quart de siècle de paix à la France en réalisant la quadruple alliance. Existe-t-il une seule statue de lui ? Et il n'y a pas même la moindre rue à son nom !...

Après ses propos vaguement désabusés, il me confie que son beau-frère avait eu « un sacré flair » pour se dégager à temps de l'Indochine, bien qu'en Cochinchine il n'ait pas été directement concerné par les accords de Genève,... et il imite le zézaiement de Jean Valette pour déclarer que « quand la gangrène prend on ne sait jamais où elle s'arrêtera ».

Il n'en va pas de même pour ses amis Mélia, les fabricants de cigarettes, qui essayent en ce moment de se replier en Algérie.

Finalement, Jacques a passé de merveilleuses vacances en Suède, qui l'ont mis d'attaque pour préparer son examen ; en fait, me dit-il en souriant, ils ont plus joué les godelureaux qu'étudié la sociale-démocratie.

François a pour Jacques l'opportunité d'un voyage beaucoup plus enrichissant, aux Etats-Unis, mais il ne sait pas s'il arrivera à le faire correspondre avec le calendrier de ses examens.

Il m'explique que Marcel Dassault est un passionné de la chose écrite, et qu'il a un savoir-faire pour véhiculer l'information qui touche au génie.

Marcel Dassault s'intéresse à une petite revue, *l'Import-Export français*, qui est surtout importante pour la qualité de son lectorat. François en a rencontré le rédacteur en chef, qui recherchait un jeune économiste ayant une habitude des Etats-Unis pour faire une étude sur le port de La Nouvelle-Orléans.

Il a eu la faiblesse de proposer Jacques qui, d'emblée, a été accepté. Il est tenté de lui faire vivre cette expérience pour voir comment il se débrouillerait dans un cadre hors universitaire, mais il craint les réactions de Marie-Louise et de Bernadette : maintenant, il lui faut compter avec deux femmes !

Septembre 1954

En blouse blanche, foulard noué sur la tête, chiffon en main, Marie-Louise essaye de remettre un peu d'ordre dans son appartement qui, pendant deux mois, a été livré à la folie dévastatrice de deux célibataires, enfin, surtout Jacques et ses amis, car François a pris l'habitude de dîner au restaurant.

Avec ce concours de l'E.N.A., il était temps qu'elle revienne pour s'occuper de Jacques, dit-elle en me montrant avec effarement sa chambre au lit défait, les pantalons et chemises sales bouchonnés, les livres et classeurs épars, les paquets vides et froissés de cigarettes jetés à terre ; et, malgré la fenêtre grande ouverte, il continue de flotter une odeur mêlée de renfermé et de cendres froides.

Pour préparer au mieux leur candidat, Marie-Louise et la discrète Bernadette se sont partagé les rôles, Marie-Louise redevenant la mère poule de son enfance, et Bernadette une secrétaire à tout faire, qui ne pleure pas les heures supplémentaires.

Pour Bernadette, ce diplôme de l'E.N.A. vaudrait tous les plus ou moins vrais quartiers de noblesse des Courcel et lui éviterait le goût amer d'une mésalliance, car, ne fût-ce qu'au niveau du langage, il manque à Jacques quelques générations pour parler couramment le français du faubourg Saint-Germain.

Octobre 1954

Effondrée, Marie-Louise n'a pas eu la force de préparer le dîner, et nous allons à nouveau au *Savoyard*.

Jacques est certain d'avoir raté son examen. Il ne s'était

pas suffisamment préparé à des sujets d'ordre général qui sortaient des questions de cours qu'il avait apprises par cœur.

François me cite le sujet d'épreuve — « Une nation matériellement affaiblie peut-elle continuer d'exercer une action spirituelle ? » — sur lequel Jacques pense avoir buté et a complètement nagé, n'étant pas arrivé à bien définir le concept de spiritualité d'une nation.

François trouve que la vie jusque-là lui a été trop facile — il fallait qu'un jour ou l'autre, il rate un examen — et que, un premier échec n'étant en rien déshonorant, il attendra une année, et après... !

Marie-Louise plaint surtout cette pauvre Bernadette qui mettait tous ses espoirs dans la réussite de cet examen.

« La belle histoire ! elle aussi attendra une année de plus avant de se marier », conclut François. Mais l'essentiel pour lui est de ne pas laisser Jacques remâcher son échec, et il est bien décidé à le convaincre d'accepter la proposition du rédacteur en chef de *l'Import-Export français*. Il oubliera en Louisiane ce mauvais moment et, au cours de cette enquête économique dans le port de La Nouvelle-Orléans, il se frottera à des hommes d'affaires et officiels américains ; en affrontant la vie réelle, loin des théories fumeuses qu'il a apprises à Sciences-Po, il en retirera une expérience qui vaut aussi bien que cette fichue Ecole d'administration.

Octobre 1954

Plus grand est l'amour excessif qu'elles portent à leurs enfants, plus fort est le risque de révolte que suscitent les mères abusives. Mais au contraire, dans le cas de Jacques, qui a maintenant plus ou moins atteint sa maturité, les liens qui l'unissent à sa mère paraissent se renforcer d'année en année ; j'en suis fascinée.

De La Nouvelle-Orléans, Jacques lui écrit pratiquement une lettre quotidienne. Et, avec celles qu'il envoie à

Bernadette, je me demande comment il trouve le temps de mener son enquête économique, dont il est très heureux, surpris de l'accueil chaleureux que lui ont réservé toutes les personnalités de La Nouvelle-Orléans.

Me fascinent également les rapports que Marie-Louise a su établir avec Bernadette, des rapports qui n'ont rien à voir avec ce compromis aimable auquel se prête, faute de mieux, la future belle-mère avec la voleuse de fils qu'est toujours une fiancée. Elle a su peu à peu la persuader que la permanence du lien presque ombilical qui l'unit à Jacques ne pourra que renforcer le bonheur de leur futur mariage.

Novembre 1954

Marie-Louise laisse éclater sa joie au téléphone. Contre toute attente, Jacques est reçu à l'écrit du concours de l'E.N.A., et il est convoqué pour l'oral dans moins de quinze jours. Elle l'attend d'un jour à l'autre. Au fond de son cœur, sans oser le dire à personne, elle était presque certaine que, s'étant préparé comme il s'était préparé entre Bernadette et elle, il ne pouvait manquer d'être admis à ce concours. Bien que, maintenant elle pouvait me l'avouer, tous ces derniers dimanches, elle soit allée à la messe à Saint-Sulpice.

Pour l'oral, Jacques a tellement de bagout qu'elle ne s'inquiète pas le moins du monde.

Comme je comptais aller faire quelques achats au Bon Marché, le seul grand magasin que je supporte, je l'invite à prendre le thé au *Lutécia*. Non, elle vit trop sur les nerfs jusqu'à l'oral du petit.

Comme je sais qu'elle a envie depuis des années de connaître *la Tour d'Argent* et qu'elle ne peut envisager un échec de Jacques, je lui propose d'aller y fêter tous les quatre, après son examen, un succès qui ne fait pas de doute.

Ma superstitieuse Marie-Louise me prétendant qu'en parlant ainsi je vais attirer le malheur sur Jacques, je l'imagine croisant ses doigts derrière son téléphone.

Novembre 1954

Dans l'ascenseur de *la Tour d'Argent*, je me sens un peu honteuse de me laisser aller au luxe. Mais, un jour que nous parlions avec l'abbé Dumont — il travaille en ce moment comme ouvrier dans une usine de la plaine Saint-Denis où, pour aller au devant de la misère spirituelle, il est devenu délégué syndical — d'une fête scandaleuse donnée par Charles de Beistegui à Biarritz, il m'avait prétendu que les riches étaient un mal nécessaire. Il m'avait expliqué que s'ils se damnaient dans ce genre de fête, c'était leur affaire, mais que tout l'argent qu'ils jetaient à cette occasion par les fenêtres amenait du pain à des dizaines d'artisans et d'ouvriers et que, d'ailleurs, ni la Bible, ni l'Evangile n'avaient jamais interdit de tuer le veau gras.

En l'occurrence, ce soir, le veau gras est un canard à l'orange. Marie-Louise triomphe : Jacques reçu à l'E.N.A., c'est le couronnement de vingt-deux ans d'éducation, de dévouement à son fils qui a su docilement se laisser guider par elle.

En savourant son verre de Mission-Haut-Brion, François affecte de jouer les indifférents.

Pour Georges et pour lui, l'intérêt est moins dans le canard à l'orange que dans le spectacle de la salle, une salle brillante aux robes élégantes qui correspondent à toute cette somptuosité de visons accrochés au vestiaire.

En dehors de quelques vieux couples distingués et de quelques touristes américains bruyants, il y a surtout des quinquagénaires aux costumes bien coupés qui exhibent de splendides jeunes grues habillées par Fath ou par Dior.

Tout satisfait d'avoir reconnu l'une d'elle, Praline, un mannequin à la mode, François ne peut s'empêcher de confier à voix basse à Georges qu'« elle est quand même sacrément calibrée, celle-ci », et pour une fois, je suis heureuse que Marie-Louise éprouve des difficultés auditives.

Bien sûr, Jacques est admis à l'E.N.A., mais avant d'y entrer, il devra s'acquitter de ses obligations militaires.

François se demande quelle arme il va bien pouvoir choisir. D'après son cousin Rémigon, s'il choisit la marine, ce qu'il souhaitait, il n'aurait aucune chance de pouvoir naviguer et se retrouverait derrière un bureau au ministère de la Marine, ce qui ne conviendrait nullement au trépidant Jacques.

Janvier 1955

J'ai eu la faiblesse de prendre le thé chez Hélène Gillet, mais elle a tellement insisté en me disant qu'elle avait des tas de choses à me raconter...

Depuis le mariage de sa fille, où nous avions rencontré les Chirac, je ne l'avais pas revue.

Dans son appartement de la rue Pierre 1er de Serbie, elle est toujours aussi mondaine. La futilité conserve bien, coiffeur et salon d'esthétique sont parvenus à lui donner dix ans de moins. D'ailleurs, elle me confie, satisfaite, que quand elle promène le bébé de sa fille Catherine, personne ne veut croire qu'elle en est la grand-mère.

Après avoir évoqué quelques souvenirs et amis d'adolescence, ainsi que nos interminables parties de tennis et de canoë, elle me demande ce que je deviens ; je lui parle de Bobigny.

« Ah oui, c'est vrai ! Quand j'y pense, jeune fille, tu avais déjà des élans mystiques qui nous surprenaient toutes », puis d'emblée elle me demande ce que je pense des Chirac : je ne peux lui répondre que du bien, qu'ils sont devenus nos meilleurs amis, et que je partage leur joie d'avoir leur fils unique admis à l'E.N.A.

« En voilà un au moins qui sera toujours à l'abri du besoin. Un parti à prendre !

— Le parti est déjà pris, il est fiancé avec une petite Courcel. »

Le nom lui dit quelque chose, peut-être une parente de ce Geoffroy de Courcel qui a été le chef de cabinet du général de Gaulle, « une nièce, je pense. Mais j'y suis, il me semble qu'il y avait deux sœurs Courcel qui avaient épousé les deux frères Panhard ! Eh bien, ce jeune homme est tombé dans un milieu plus que catholique, ultramontain ! J'espère qu'il sera un peu plus prudent que son père, la famille ne plaisante pas avec la bagatelle ».

Je savais Hélène futile, mais ignorais sa méchanceté : avec Pierre, son mari et d'autres amis, au *Maxim's*, ils ont aperçu François en galante compagnie. Si la compagnie était galante, elle n'était pas d'une très grande distinction, « a-t-on idée d'exhiber une pareille créature chez *Maxim's*, où va le Tout-Paris ».

En rien elle ne veut me colporter un ragot, mais connaissant notre intimité avec les Chirac, elle compte qu'avec tout le doigté qu'elle me connaît, je mette en garde François. Elle croit savoir que c'est un collaborateur de Marcel Dassault et, « depuis que le père Bruckberger l'a converti, celui-ci est devenu d'un rigorisme puritain que craint tout son entourage ».

Je me serais bien passée de son baiser d'adieu.

Mars 1955

François est de plus en plus excité à l'idée du service militaire de Jacques. L'armée va lui former le caractère, l'affermir, lui apprendre à vivre sans papa ni maman, et certainement cette expérience de quinze longs mois va lui faire acquérir une maturité qui lui manque.

Pour lui, Jacques est d'une intelligence brillante, d'ailleurs il l'a prouvé, mais il n'a de connaissances que livresques, et la faille de son caractère est une absence de certitude personnelle, un manque d'esprit critique qui lui donne une fâcheuse tendance à donner raison au dernier qui a parlé.

J'ai l'impression qu'il exige beaucoup d'un garçon aussi jeune, et que ce n'est pas la caserne, autrement que par le temps qui passe, qui le fera mûrir. Je suis de plus en plus révoltée par cet apprentissage du meurtre auquel la République oblige des jeunes, encore tellement malléables.

En ce qui concerne le choix de son arme, les derniers à avoir parlé auront été certainement les Courcel : Jacques doit rejoindre le mois prochain l'Ecole de Saumur, et sa photo en officier de cavalerie dans l'album de famille des Courcel atténuera la mésalliance de Bernadette; car, malgré son assistance régulière à la messe de Sainte-Clotilde, sa brusquerie n'arrive désespérément pas à prendre le ton du VIIe arrondissement.

Avril 1955

Pour moi, naïvement, Saumur, c'était la cavalerie, le Cadre noir, des écuyers aussi charmants que des figurines de plomb, mais François m'explique que maintenant la cavalerie est motorisée. Cela me paraît manquer de panache et j'en suis triste pour Jacques.

Finalement, Jacky est parti tout heureux, même exalté. Il a su sans chagriner Marie-Louise éviter le panier qu'elle préparait pour son voyage, et sans doute oublier les recommandations dont son père l'avait accablé pour un meilleur comportement au régiment.

Son premier conseil était que, dans cette vie collective qui l'attendait, il fallait savoir dès le premier jour se faire respecter : « Tu ne seras plus à Sciences-Po, mon garçon, et crois-moi, dès ton incorporation, rien ne vaut un coup de poing bien ajusté pour qu'on te fiche la paix tout le reste de ton service. » Je suis attendrie par les yeux navrés de ce pauvre petit qui n'a jamais dû échanger un seul coup de poing de sa vie.

Juin 1955

François se moque des colis que chaque semaine Marie-Louise envoie à Jacques mais, « le petit, tu t'imagines qu'il va trouver de la saucisse de Corrèze à Saumur ? »...

Jacques écrit à Marie-Louise au moins deux fois par semaine; dans ses lettres, il lui explique qu'il « travaille comme un cheval », car il lui faut être dans les dix premiers pour sortir sous-lieutenant, et qu'il ne tient pas à finir, comme les derniers, son service comme adjudant.

Cet ancien caporal-chef de François s'était fait une bien fausse idée de Saumur. Rien à voir avec la caserne de sa jeunesse, les compagnons d'armes de Jacques sont aussi conformistes que lui et n'auraient pas l'idée d'échanger des coups entre eux. Cela ressemble plus à un collège de bons pères qu'à un quartier de cavalerie. D'ailleurs, il est au mieux avec l'aumônier et va jusqu'à servir la messe.

Cette collusion du sabre et du goupillon me révolte. Ce détournement du Dieu biblique des armées auquel se sont livrées toutes les nations pour justifier leur guerre m'a toujours scandalisée.

Il n'y a jamais eu qu'un peuple élu, c'est le peuple juif, du moins jusqu'à la venue du Messie.

Dans les notes de ma mère au cours des mois qui suivent, les Chirac n'occupent plus qu'une place sporadique.

Ma sœur lui a donné deux petits-enfants qui accaparent presque tout son temps libre.

A Bobigny, l'abbé Dumont a laissé sa place à un jeune prêtre qui se fait une conception tout autre de sa mission pastorale, et puis, surtout, une bonne âme, bien pire qu'Hélène Gillet, lui a révélé que François Chirac et mon père étaient en fait depuis 1938 deux inséparables compagnons de bamboche.

Maintenant, tout au cours de son journal, lui reviennent amèrement à la mémoire toute sorte de sous-entendus, la coïncidence de leurs dîners ou voyages d'affaires pendant qu'elle passait des soirées seule à seule avec Marie-Louise.

*Leurs maris sablaient le champagne dans des boîtes de nuit avec des poules, ou faisaient des escapades amoureuses à l'*Hôtel Normandy *à Deauville, ou au* Dormy House *d'Etretat — car la bonne âme avait été très précise.*

Ma mère était trop orgueilleuse pour partager son infortune avec Marie-Louise, bien que d'une façon confuse elle soupçonnât que François la trompait elle aussi.

Inutile de lui révéler que s'il avait été surpris à Paris à l'époque de l'exode, la raison en était qu'il s'était un peu trop attardé dans le lit de sa maîtresse de l'époque.

Peut-être avait-elle tout simplement peur de se laisser aller à confier à Marie-Louise leur infortune commune : par simple esprit de charité ; à leur âge, leur vie de femme était jouée, mieux valait pour elle, lui semblait-il, garder un secret horriblement lourd à porter, mais que par la prière elle parvenait à alléger.

Supportant de plus en plus mal la complicité, pour elle maintenant odieuse, des deux maris, elle espace le plus possible les bridges avec les Chirac et préfère retourner, comme avant-guerre, au concert ou assister à des conférences à l'Institut Gœthe.

Sans doute trop influencée par le Témoignage Chrétien, *horrifiée par les proportions que prend la guerre d'Algérie, elle a déjà résolument pris parti pour le burnous contre le képi, ce qui ne va pas exactement dans le sens des idées du moment des Chirac.*

Octobre 1955

J'ai le plus grand mal à contenir le mépris dans lequel je tiens Georges et son complice François pour nous avoir bafouées ignominieusement Marie-Louise et moi durant vingt années d'hypocrisie et de duplicité, mais, depuis que je fais chambre à part — une chambre où je peux me recueillir avec moi-même —, j'arrive à surmonter mon dégoût le temps d'un bridge. Et, ce soir, impossible de gâcher la jubilation de Marie-Louise : Jacques vient d'être reçu major de sa promotion à Saumur.

François, comme à son habitude, qui a toujours eu honte de montrer la moindre satisfaction, déçoit cette pauvre Marie-Louise en ne trouvant à dire que : « Vis-à-vis des Courcel, ce n'est pas mal, ton fils commence à prendre une valeur marchande. »

L'usage de la dérision m'horripile.

Octobre 1955

Jacques est en permission, Marie-Louise m'appelle. Il voudrait me poser des questions sur l'Allemagne où il doit rejoindre son régiment.

Je sais que ce n'est qu'un faux prétexte : elle tient surtout à ce que je vienne admirer le sous-lieutenant Chirac. Ma foi, c'est un très bel officier, et l'uniforme fait ressortir le côté encore enfantin de son visage. Il se prend tellement au sérieux qu'il en est charmant.

Inutile d'essayer de répondre à ses questions sur l'Allemagne : plein d'*a priori* et d'idées reçues, il se donne lui-même la réplique, et je ne peux que l'écouter en l'approuvant de temps à autre.

Janvier 1956

Il fait un hiver atroce, je n'en ai jamais connu d'aussi froid.

Grâce à l'abbé Pierre, les Parisiens découvrent la grande misère des sans-logis. C'est la première fois que j'assiste à un aussi grand élan de solidarité, mais le pauvre homme ne peut tout faire, et avec Amparo et Bernadette Leguen, nous « profitons » de ce mouvement de charité qui nous a permis d'organiser un dortoir chauffé dans notre baraquement.

A tour de rôle, nous préparons une soupe chaude avec des bas-morceaux de bœuf pour calmer tous ses estomacs vides, et je reviens le soir éreintée, mais satisfaite.

Il aura fallu toute l'autorité de Bernadette Leguen et d'Amparo pour faire accepter trois Arabes qui se sont présentés transis de froid et de faim, réprouvés parmi les réprouvés. Je découvre avec stupeur que les pauvres sont capables d'hostilité raciste.

Ce froid sibérien affole Marie-Louise qui, au téléphone, se félicite d'avoir envoyé à Jacques le mois dernier un colis de sous-vêtements et de chaussettes chaudes dont il s'était alors moqué, mais qu'il apprécie maintenant, dans cet hiver allemand encore plus rigoureux qu'à Paris.

Février 1956

Le gouvernement s'est décidé à envoyer le contingent en Algérie, et aucune voix ne s'est élevée pour protester. Peut-être, monsieur Guy Molet, croyez-vous qu'il reste encore un peu de place sur les monuments aux morts pour y graver le nom des prochaines victimes de la patrie en Algérie !

C'est les yeux mouillés de larmes que Marie-Louise me montre la dernière lettre de Jacques : elle est d'un bellicisme puéril et navrant. Il aurait refusé un poste de planqué à l'état-major de Berlin pour accompagner, haut les cœurs, ses hommes en Algérie.

Atterrées par cette décision, nous décidons avec Marie-Louise d'un bridge pour parler entre quatre yeux avec François, afin qu'il use de toute son influence auprès du ministère pour protéger, malgré lui, son fils. Mais nous nous heurtons à un épouvantable « s'il croit que c'est son devoir ».

Mars 1956

Pâquerette Manière et son mari sont venus de Clermont-Ferrand pour le mariage de Jacques; ils s'installent à Neuilly, où je suis heureuse de les recevoir.

Les années passent, et Pâquerette conserve toujours la même fraîcheur d'âme : « Dire qu'il y a presque quinze ans que je t'ai présenté Marie-Louise, à peu près à la même époque, d'ailleurs, et que ce petit bonhomme tout ébouriffé de Jacky va se marier. Cela ne nous rajeunit pas ! »... et nous nous laissons aller à faire le bilan de nos vies. Pâquerette est ainsi faite qu'elle ne se souvient que des moments heureux de l'existence, et que sa joie de vivre est communicative.

Bien sûr, nous parlons de l'Algérie. Elle est encore plus catégorique que moi. Envoyer des jeunes se faire tuer pour protéger le privilège des grands colons et des pinardiers la scandalise.

Nous sommes atterrées toutes les deux que Jacques fasse entrer Marie-Louise dans un roman patriotique aussi mauvais qu'édifiant, et nous la plaignons ensemble. Ce doit être atroce pour elle, comment peut-elle se laisser aller à la joie de ce mariage qu'elle désirait tant sans penser aux angoisses que lui fera vivre Jacques, qui va, dès le mois prochain, risquer sa vie en Algérie.

Samedi 17 mars 1956

Pour un grand mariage, ce fut un grand mariage, l'un des plus mondains auxquels il m'ait été donné d'assister; y étaient représentés le monde de la finance, de la diplomatie, de la haute fonction publique, et bien sûr de l'armée.

Dans son homélie, le prêtre, qui était, je crois, un parent des Courcel, ne put s'empêcher de rapprocher le sabre du goupillon. C'est tout juste si ce jeune officier de Jacques n'avait pas retrouvé l'esprit valeureux des croisés qui avaient su décimer les infidèles musulmans.

J'ai connu deux guerres, et Jacques, dans son uniforme, me rappelle ces jeunes officiers qui tenaient à se marier avant de partir au front ; ils avaient le même visage transcendé par la bonne cause.

CONCLUSION

Comme je l'ai écrit précédemment, ma mère avait abandonné depuis 1955 la rédaction de son journal intime pour se contenter de consigner dans un cahier des notes prises au jour le jour, ou au mois le mois, sur des sujets qui concernaient de moins en moins les Chirac et de plus en plus sa quête de l'absolu.

Cette habitude d'écrire au quotidien relevait d'un narcissisme qui n'avait plus sa place dans l'évolution de sa vie religieuse, elle l'abandonna définitivement l'été 1956.

A peine si l'on peut lire dans ces notes comme elle réprouve la bonne cause qu'a décidé de servir Jacques — « Dans chacune de ses lettres que me lit Marie-Louise, il me donne l'impression du duc d'Aumale relatant à Louis-Philippe la prise de la smalah d'Abdel-Kader... » — et sa consternation quand il lui écrit qu'il envisage d'abandonner l'E.N.A. pour poursuivre une carrière militaire. Il en avait été de même quand, pilote à bord du Capitaine Saint-Martin, *il avait rêvé de devenir capitaine au long cours ou haut-fonctionnaire pendant ses études à Sciences-Po.*

Pour ce livre, il en est mieux ainsi car, au sortir de la guerre d'Algérie, Jacques Chirac est devenu l'affaire des politicologues, ce que je ne suis en rien.

L'amitié de nos parents, à raison d'un ou deux bridges par semaine, perdura jusqu'à leur mort, et je me souviens qu'en 1969, après l'acquisition par Jacques du château de Bity qui le mettait au niveau des Courcel — mon Dieu, avec quel aspect ! —, Marie-Louise Chirac — Rose Kennedy de la petite bourgeoisie — implorait la Vierge à grand renfort de cierges pour que Jacques devienne un jour président de la République.

Michel Basset

CHEZ LE MÊME ÉDITEUR

ROMANS

Paul Guth.
Quarante contre un.
119 F.

Yves Jacob.
Soleils gris.
109 F.

Philippe de Baleine.
Seigneur pourquoi m'as-tu abandonné ?
109 F.

Denise François.
L'Auberge du grand balcon.
119 F.
Les Révoltés de Montfaucon.
129 F.
Les Dames de la Courtille.
129 F.

Pierre Lance.
Le Premier Président.
140 F.

HUMOUR-HISTOIRES DRÔLES

Richard Balducci.
Le Café des veuves.
119 F.

Laurence Boccolini
Scènes de mariages.
89 F

Thierry Crosson en collaboration avec Jean-Christophe Florentin.
Le Guide de l'emmerdeur au travail.
99 F.
Le Guide de l'emmerdeur en vacances
99 F

Laurent Delaloye.
Quelle planète !
99 F.

Jean-Marc Richard.
Dictionnaire des expressions paillardes et libertines de la littérature française.
129 F.

Jean-Christophe Florentin.
Guide con et inutile pour briller en société.
99 F.

Jacques Édouard,
illustrations de Jean-Louis Le Hir.
Petit bréviaire présidentiel.
109 F.

Cyril Laffitau.
Gros et beau à la fois.
89 F.

Georges Fillioud.
Homo politicus :
Des drôles et des pas tristes.
119 F.

Gérard Ponson, Roberto Alvarez.
Ils ont dit ils ont menti.
89 F.

AVENTURES-RÉCITS VÉCUS-TÉMOIGNAGES-DOCUMENTS

Philippe de Baleine.
Nouveau voyage sur le petit train de la brousse.
95 F.
Voyage espiègle et romanesque sur le petit train du Congo.
109 F.
Le Petit Train des cacahuètes.
119 F.

Michel Bagnaud.
Profession : inventeur de trésors.
99 F.

Joe Galland.
Torpeurs.
99 F.

Patrice Franceschi.
Chasseur d'horizons.
275 F. (Album relié).

Francis Cucchi.
La Route du pavot.
119 F.

Jean-Pierre Imbrohoris.
Démences meurtrières.
99 F.

Jean-Louis Degaudenzi.
Les Enfants de la haine.
99 F.

Guy Doly-Linaudière.
L'Imposture algérienne.
99 F.

Anne Montel-Girod.
Itinéraire d'un amour.
85 F.

Gérard de Villiers.
Mes carnets de grand reporter.
99 F.

Jean-Noël Liaut.
Modèles et mannequins (1945-1965).
129 F.
Une princesse déchirée : Nathalie Paley.
119 F.

Jean Bruno.
Lettre aux assassins du football.
90 F.

Muriel Canoby.
Sous l'emprise du démon.
109 F.

Docteur Pierrick Hordé.
Nouvelles histoires incroyables de la médecine.
109 F.

Docteur Pierrick Hordé et Jean-Louis Saulnier.
Nouvelles histoires incroyables de la médecine, tome III.
109 F.

Noëlle Riley Fitch.
Érotique Anaïs Nin.
169 F.

Enrico Micheli.
Le Statut du ciel.
149 F.

Louise E. Levathes.
Les Navigateurs de l'Empire céleste.
129 F.

Odile et Philippe Verdier.
Les Grandes Arnaques aux assurances.
99 F.

Pierre Barberoux.
Les Disparus de l'Atlantique ou 58 jours à la dérive.
99 F.

Jean Cau.
L'Orgueil des mots.
109 F.

Marcel Haedrich.
Citizen Prouvost.
119 F.

Jacques Perotti.
Un prêtre parle : « Je ne peux plus cacher la vérité. »
119 F.

Françoise Ducout.
Les Grandes Passions amoureuses.
109 F.

Marie-Antoinette Pacho.
Du temps où les hommes écrivaient des lettres d'amour.
129 F.

Nicolas Bonnal.
La Malédiction des stars.
119 F.

Abbé Raymond Arnette.
De la gestapo à l'O.A.S.
119 F.

Docteur XY.
Il n'y a plus de médecin au numéro que vous avez demandé.
119 F.

Ophelie Winter.
Ophelie Winter.
89 F.

Michel Gall, Sophie Dormoy.
Délits de séduction.
119 F.

Errol Parker.
De bohème en galère, les pérégrinations d'un musicien de jazz à New York.
89 F.

Marguerite Basset, journal intime présenté par Michel Basset.
Jacques Chirac : les vertes années du président.
119 F.

ÉSOTÉRISME

Julia Pancrazi, Mme De Soria.
La Voyance en héritage.
109 F.

Richard Balducci.
La Vie fabuleuse de Nostradamus.
119 F.

Vlaicu Ionescu, Marie-Thérèse de Brosses.
Les Dernières Victoires de Nostradamus.
119 F.

Élisabeth et Jean-Claude Zana.
Les Stars racontent l'étrange.
109 F.

Rosita Arvigo.
Sastun.
119 F.

Marc Galieu.
Les Mystères de la voyance.
109 F.

Jean-Pierre Girard.
Psychic ou le pouvoir de l'esprit sur la matière.
119 F.

Jean-Paul Bourre.
Mondes et univers parallèles à travers l'imaginaire et les sciences.
129 F.

Bruno Fouchereau.
La Mafia des sectes, du rapport de l'Assemblée nationale aux implications des multinationales.
119 F.

RELIGIONS-SPIRITUALITÉ

Nicolas Pigasse.
Croient-ils tous au même dieu ?
110 F.

Lino Sardos Albertini.
L'Au-delà existe.
119 F.
Au-delà de la foi.
119 F.
Indices et preuves de l'existence de l'Au-delà.
119 F.

Pierre Jovanovic.
Enquête sur l'existence des anges gardiens.
129 F.

Jackie Landreaux-Valabrègue.
Les Scientifiques à la recherche de Dieu.
119 F.

Dante Vacchi, Anne Vuylsteke.
Les Jésuites en liberté.
320 F. (Album relié).

John J. McNeill.
Les Exclus de l'Église.
119 F.

Jean-Claude Duluc.
Anthologie des miracles et des mystifications à travers 50 siècles de spiritualité.
119 F.

Betty J. Eadie.
Dans les bras de la lumière.
99 F.

Gildas Bourdais.
Enquête sur l'existence d'êtres célestes et cosmiques.
129 F.

Joan Wester Anderson.
Par la grâce des anges gardiens.
99 F.
Quand les miracles arrivent.
109 F.

Giordano Bruno Guerri.
Enquête sur les mystères du confessionnal.
129 F.

Deborah Laake.
Cérémonies secrètes.
119 F.

Geddes MacGregor.
Enquête sur l'existence de la réincarnation.
129 F.

Édouard Brasey.
Enquête sur l'existence des anges rebelles.
129 F.

Angie Fenimore.
Au-delà des ténèbres.
109 F.

François de Muizon.
Les Derniers Exorcistes de l'épiscopat révèlent.
129 F.

Édouard Brasey.
Enquête sur l'existence des fées et des esprits de la nature.
129 F.

GUIDES PRATIQUES-SANTÉ

Docteur Marc B. Ganem.
La Sexualité du couple pendant la grossesse.
99 F.

Docteur David Elia, docteur Jacques Waynberg.
Guide pratique de la vie du couple.
189 F. (Album relié).

Jean-Claude Duluc.
Docteur est-ce une erreur ?
99 F.

Jean-Louis Degaudenzi.
Le Secret de votre groupe sanguin.
99 F.

Janet L. Wolfe.
Monsieur a sa migraine.
109 F.

Docteur Claude Chauchard, Véronique Blocquaux, Jacques Chenu.
Retraité ? Moi, jamais !
109 F.

Jacques de Schryver.
La Revanche du cancre.
119 F.

Betty de Brouhan, Yvan Katz.
Guide Smoby à l'usage des familles.
99 F.

Xavier Maniguet.
Naufragés. Comment survivre en mer.
99 F.

BEAUX LIVRES (DIVERS)

Roger Thérond, Jean-Charles Tacchella.
Les Années éblouissantes. Le Cinéma qu'on aime : 1945-1952.
295 F.

Stars, les Incontournables.
275 F.

Miguel Alcala.
Le Flamenco et les gitans.
175 F.

Johnny Hallyday.
Le Dernier Rebelle.
175 F.

Gilles Lhote.
Le Cuir des héros.
199 F.
Cow-boys des nuages.
220 F.
La Légende Harley-Davidson.
240 F.

ELLE, nos cinquante premières années.
449 F.

MUSIQUE (DIVERS)

Opéras, les Incontournables.
249 F. (Album relié).

Rock'n roll, les Incontournables.
249 F. (Album relié).

Jazz, les Incontournables.
249 F. (Album relié).

Blues, les Incontournables.
249 F. (Album relié).

Country, les Incontournables.
249 F. (Album relié).

Les Années Jazz Magazine : 40 ans de passion.
420 F. (Album relié).

Geoffrey Smith.
Stéphane Grappelli.
115 F.

Luigi Viva.
Pat Metheny.
149 F.

Jim Haskins.
Ella Fitzgerald.
119 F.

Albert Murray.
Good Morning Blues, Count Basie.
149 F.

Herman Leonard.
L'Œil du jazz.
270 F. (Album relié).

Herman Leonard.
Jazz Memories.
275 F. (Album relié).

Fabrice Zammarchi.
Sidney Bechet.
249 F. (Album relié).

Hank O'Neal,
Esther Bubley.
Charlie Parker :
Norman Granz Jam Sessions.
275 F. (Album relié).

ART

Édouard Jaguer.
Richard Oelze.
199 F.

Jean Toulet.
Georges Leroux.
199 F.

José Pierre.
Guy Johnson.
195 F.
L'Aventure surréaliste autour d'André Breton.
230 F.

Jacques Baron.
Anthologie plastique du surréalisme.
380 F.

Didier Semin.
Victor Brauner.
950 F.

Alain Sayag.
Hans Bellmer, photographe.
178 F.

Paul Brach.
John Kacere.
279 F.

Jean Benoît.
Monographie.
199 F.

Cet ouvrage
a été composé par EURONUMÉRIQUE
et imprimé
sur presse CAMERON
dans les ateliers
de Bussière Camedan Imprimeries
à Saint-Amand-Montrond (Cher)
en 1996

Photos de couverture :
Archives Paris-Match (X, D.R.)

N° d'éditeur : 1358. N° d'impression : 1/2262
Dépôt légal : octobre 1996
Imprimé en France

ISBN 2 85018 656 2